Camine con Dios

ENCUENTRE UNA INTIMIDAD
CONVERSACIONAL CON DIOS

Camine con Dios

ENCUENTRE UNA INTIMIDAD
CONVERSACIONAL CON DIOS

JOHN ELDREDGE

GRUPO NELSON
Una división de Thomas Nelson Publishers
Desde 1798

NASHVILLE   DALLAS   MÉXICO DF.   RÍO DE JANEIRO   BEIJING

© 2008 por Grupo Nelson
Publicado en Nashville, Tennessee, Estados Unidos de América.
Grupo Nelson, Inc. es una subsidiaria que pertenece
completamente a Thomas Nelson, Inc.
Grupo Nelson es una marca registrada de Thomas Nelson, Inc.
www.gruponelson.com

Título en inglés: *Walking with God*
© 2008 por John Eldredge
Publicado por Thomas Nelson, Inc.
Publicado en asociación con Yates & Yates, LLP, Attorneys and Counselors, Orange, California.

A menos que se indique lo contrario, todos los textos
bíblicos han sido tomados de la Nueva Versión Internacional® NVI®
© 1999 por la Sociedad Bíblica Internacional. Usado con permiso.

Traducción: *Enrique Luis Ruloff*
Tipografía: *Grupo Nivel Uno, Inc.*

ISBN: 978-1-60255-099-5

Impreso en Estados Unidos de América

08 09 10 11 12 BTY 9 8 7 6 5 4 3 2 1

Para Stasi, con quien he aprendido casi todas estas lecciones.

Contenido

Introducción

Esta es una serie de relatos acerca de cómo sería caminar con Dios en el transcurso de casi un año.

Como seres humanos, nuestra gran necesidad es aprender a vivir íntimamente con Dios. Para eso fuimos hechos. Volviendo al comienzo de nuestra historia, antes de la caída del hombre, antes de que desviáramos al mundo de su eje, existía un paraíso llamado Edén. En ese jardín de vida, como estaba planeado, vivían el primer hombre y la primera mujer. Su historia es importante para nosotros porque todo lo que eran, y todo aquello que tenían, era lo que estaba planeado para que nosotros fuéramos y tuviéramos. Y lo que disfrutaban, más que cualquier otro placer de los que tenían en ese lugar, era caminar con Dios. Ellos hablaban con El y Él con ellos.

Para eso hemos sido creados usted y yo. Y eso es lo que debemos recuperar.

He dedicado demasiados años tratando de entender la vida por mí mismo. Leyendo libros, asistiendo a cursos, manteniendo siempre un ojo abierto ante aquellos que parecían entender las cosas. Me di cuenta de que a los hijos de mis vecinos parecía que les iba bien, y yo pensaba: *¿Qué es lo que ellos hacen que yo no estoy haciendo? Sus hijos están haciendo deportes. Quizás debería mandar a los míos también.* Terminaba de conversar con una persona que parecía estar en la cima del mundo y después pensaba: *Parece tan culta. No estoy leyendo lo suficiente. Debería leer más.* Escuchaba que a un colega le estaba yendo bien en lo económico y rápidamente concluía: *Él dedica tiempo a administrar su dinero. Yo debería hacerlo también.* Todos hacemos eso todo el tiempo, controlamos, evaluamos, observamos y regulamos, tratando de encontrar la clave para hacer que la vida funcione.

Terminamos con una lista bastante importante. Pero el único fruto duradero parece encadenarnos. ¿Se supone que ahora debo estar leyendo, ejercitándome, controlando mi consumo de grasas o forjando un momento de aprendizaje con mi hijo?

La buena noticia es que no podemos comprender la vida de esa forma. Usted no puede dominar suficientes principios y disciplinas para asegurarse de que su vida funcione. No fue creado para eso, y Dios no se lo va a permitir. Él sabe que si progresamos sin Él, vamos a estar cada vez más lejos de Él. Comenzaremos a creer cosas terribles acerca del universo, cosas como: *Puedo hacerlo yo mismo y, si solamente trabajo más duro, voy a triunfar.* Ese enfoque de la vida, tratar de comprender todo, de vencer las dificultades, de ser el ganador del juego, es completamente impío. Es decir, totalmente sin Dios. Él no se encuentra en ninguna de esas consideraciones. Ese tipo de rebelión me hace pensar más en aquellos infames que levantaron la torre de

Babel que en los que han caminado con Dios en el jardín en la quietud del día.

Al final, preferiría tener a Dios.

Debe haber escuchado el antiguo dicho que reza: «Déle un pescado a alguien y lo estará alimentando por un solo día. Enséñele a pescar y lo alimentará por el resto de su vida». Lo mismo ocurre con la vida misma. Si usted le da a alguien una respuesta, una norma o un principio, lo ayuda a resolver el problema. Pero si le enseña a caminar con Dios, entonces lo ha ayudado a resolver toda su vida. Lo ayudó a aprovechar una fuente inagotable de protección, consuelo y guía.

Ahora, si usted realmente supiera que tiene la oportunidad de desarrollar una conversación íntima con el más sabio, el más bueno, el más generoso y el más capaz del mundo, ¿No tendría sentido pasar tiempo con Él, en vez de trabajar arduamente por sí solo?

Cualquiera sea nuestra situación en la vida, carnicero, panadero, fabricante de velas, nuestra necesidad más profunda y urgente es aprender a *caminar* con Dios. Aprender a escuchar su voz. Seguirlo íntimamente. Es el cambio de acontecimientos más esencial que podría ocurrir en la vida de cualquier ser humano, ya que nos lleva a la fuente de la existencia. Todo lo demás que anhelamos puede fluir de esa unión.

Pero, ¿cómo llegamos hasta allí? ¿Cómo aprendemos a vivir con Dios, a caminar con Él cada día en la intimidad de nuestra conversación? Con el pasar de los años, he leído con anhelo las historias de los primeros discípulos, como Atanasio, que tuvo la ayuda de un gigante espiritual como Antonio, o los benedictinos con Benedicto, o los seguidores de Columbia viviendo con él en Iona, y me preguntaba: *¿Dónde es que la gente obtiene eso hoy?* Esas historias se parecen a las fábulas de Esopo. Encantadoras, pero arcaicas. No conozco a nadie que viva en la misma cabaña con un consejero espiritual genuino, un mentor, un padre o un director a quien pueda revelarle los acontecimientos de su vida cada vez que quiera. Sé que tales padres existen, y oro para que aumenten. Pero mientras tanto, creo que son pocos. Muchos no tenemos esa opción. Sin embargo podemos aprender.

Puede que usted no tenga acceso a un pescador experto, pero si pudiera observar lanzar a alguien que lo ha hecho durante algunos años, aprendería mucho. Cuando Stasi y yo nos casamos, nos encantaba salir con parejas que habían estado casados por una década o dos. Había tanto que aprender escuchando sus experiencias, tanto buenas como malas. En realidad, eran las historias de sus errores las que más nos ayudaban. Por eso he descubierto que al describir mis experiencias y al poner en palabras lo que Dios me está mostrando, puedo emitir luz en sus experiencias y explicarles las cosas que Dios les está mostrando. Difundiendo estas historias no estoy sugiriendo que esta sea la única forma de caminar con Dios. Pero como dijo John MacDonald: «Como ninguna escritura es de interpretación privada, tampoco hay un sentimiento que exista sólo en un corazón humano, lo que no significa, en algún grado, que exista en todos los corazones».

Por tanto, lo que ofrezco aquí es una serie de relatos de lo que sería caminar con Dios en el curso de un año. Les voy a enseñar mis diarios. O al menos parte de ellos. Espero que sea la parte más útil. Cuando Ernest Hemingway escribió *Green Hills of Africa* en 1935, sintió que estaba corriendo un riesgo que valía la pena. «He intentado escribir un libro absolutamente real para ver si la forma de un país y el ejemplo de una actividad de un mes pueden competir con la obra de la imaginación si estos son mostrados realmente». Cuanto más valioso sería esto si pudiéramos compartir los unos con los otros las historias de nuestros encuentros reales con Dios, no los más sublimes, sino los del día a día, los que vivimos en el transcurso del año.

Algunos de estos relatos le van a abrir nuevos horizontes. Ciertamente esa es mi esperanza. Aprender a escuchar la voz de Dios puede ser una nueva frontera, emocionante, con alegrías inesperadas en cada nuevo comienzo. Sin lugar a dudas se va a encontrar con lecciones que ya ha aprendido, probablemente algunas mejores que las que yo aprendí. Pero las puede haber olvidado. Nosotros nos olvidamos hasta de los encuentros más preciosos que tenemos con Dios. Quizás lo ayude a recordar y recuperar lo que puede haber perdido. Quizás también lo ayude a contar su propia historia, le dé ojos para que vea lo que está expuesto y ayudarlo a establecerlo para que no se escape.

Se dará cuenta de que el libro no tiene ningún capítulo. La vida no se muestra así, en secciones prolijas y organizadas con útiles subtítulos y notas al pie de página. No obtenemos un esquema para cada nuevo día, con puntos resumidos para cuando nos vamos a acostar. La vida se nos presenta en una serie de relatos a medida que pasa el tiempo. Existe algo que aprender en cada relato. Y también podemos aprender algo viéndolo desplegado a través de las estaciones, de la repetición de los temas, de los continuos ataques del enemigo, de la mano de Dios en acontecimientos que aparentemente no están relacionados. Creo que este formato le va a permitir hacer una pausa en el camino en aquellos puntos en donde Dios le está hablando, emitiendo luz en su historia, o enseñándole algo nuevo. Haga una pausa. Deje que esa sea la lección del día. Simplemente no siga escarbando. Tómese su tiempo y déjelo hablar.

Creo que podemos lograr un caminar más cercano con Dios. Creo que podemos aprender a escuchar Su voz. Sin embargo reconozco que esto lleva tiempo, y todos necesitamos ayuda para interpretar los eventos de nuestra vida y lo que experimentamos. Por eso añadí otra dimensión a este libro. En ciertos puntos a lo largo del libro, va a encontrar referencias al sitio Web www.walkingwithgod.net. En ese sitio hay videos (en inglés) en los cuales ofrezco dirección, clarificación y consejos. Claro que no es lo mismo que compartir la cabaña con Antonio o Benedicto, pero le ayudará mucho en su caminar con Dios.

Hallo cierta comodidad en esta cita de Frederick Buechner:

Existe algo un poco más que desconcertante al escribir una autobiografía. Cuando las personas me preguntaban ocasionalmente en qué estaba trabajando, me resultaba imposible decírselos sin sonrojarme. Como si a alguien le importara o le debiera importar... Pero lo hago de todas maneras. Lo hago porque me parece que no importa quién sea, ni cuán elocuente sea; al contrario, si cuenta su propia historia con suficiente certeza y franqueza, será interesante y en algún sentido, una historia universal...

Si Dios nos habla a través de cualquier otra cosa que no sean los canales oficiales como la Biblia y la iglesia, entonces pienso que nos habla en gran parte a través de lo que nos sucede, por eso lo que he hecho en este libro... es volver a escuchar lo que me ha ocurrido, así como espero que mis lectores sean movidos a volver a escuchar lo que les ha pasado a ellos, por sobre todas las cosas, el sonido de Su voz... Porque Su Palabra para nosotros es recuperable y preciosa más allá del entendimiento. (*Ahora y siempre*)

prólogo

verano

otoño

invierno

primavera

Aprenda a escuchar la voz de Dios

Escuchar a Dios

Si solamente hubiera escuchado. Tenemos una tradición familiar, ir al bosque cada año después del día de Acción de Gracias para cortar nuestro árbol de Navidad. Es algo que comenzamos cuando los niños eran pequeños, y al pasar los años se convirtió en el acontecimiento que nos ayuda a empezar la época navideña. Abrigamos a los niños y nos marchamos al bosque nevado un sábado por la mañana. Stasi lleva chocolate caliente en un termo; yo llevo la cuerda y la sierra. Inevitablemente, pienso que hay un árbol mejor «precisamente sobre la próxima colina», que siempre está una colina más allá, y los miembros de la familia comienzan a separarse y a volver al auto mientras yo corto el árbol que siempre mide un metro de alto y lo arrastro un kilómetro y medio. Es todo parte de la tradición.

Ahora, usted obtiene un árbol hermoso y a la moda, un árbol como el de Charlie Brown, cuando va a buscarse uno por su propia cuenta. Pero es *nuestro* árbol, con una historia que lo acompaña. Nos encanta. La mayoría de las veces.

El año pasado salimos en busca del árbol el fin de semana siguiente al día de Acción de Gracias. Había una nueva emoción para esa aventura, ya que habíamos comprado unas tierras en la montaña, y esa iba a ser la primera vez que íbamos a poder cortar un árbol verdaderamente nuestro. Me imaginé una excursión familiar con botas de nieve en el bosque, después una bebida caliente con una fogata, juegos de mesa, buenos recuerdos. Pero no fue lo que ocurrió.

Surgió una ventisca durante la noche y cayeron cerca de sesenta centímetros de nieve en la ruta. Decidimos mejor salir de allí mientras era posible, pero en los primeros cinco minutos que emprendimos el viaje de regreso a casa, caímos en una zanja. Tardamos más de una hora en desenterrar el auto. No teníamos pala. Usamos los trineos plásticos de los niños con reiterados fracasos. Finalmente, la única forma que tuvimos para hacer que el auto volviera al camino fue hacer que toda la familia se pusiera al lado derecho del auto, afuera en el estribo, andando como si fuera un catamarán mientras yo aceleraba lo más que podía.

Lentamente volvimos a la autopista. Salí para ver el árbol (observé que era noventa centímetros más alto) y descubrí que teníamos dos neumáticos desinflados. No uno, sino dos. Hacía doce grados bajo cero afuera y el viento aullaba desde el norte, trayendo una ráfaga fresca a unos diez grados menos, es decir como veinte grados bajo cero. Sabía que tenía un neumático de más, pero no dos. (¿Quién lleva dos? ¿A quién se le desinflan dos neumáticos al mismo tiempo?) Lo que sí tenía era una lata de producto para reparar cubiertas, quizás eso nos permitiría regresar. No sirvió, estaba congelada. Cuando salí para resolver la situación, dejé el intermitente encendido para advertir al tráfico acerca de la situación. Ahora la batería no funcionaba.

La palabra que vino a mi mente fue calvario. Fue un calvario.

Y ahora aquí viene mi confesión: No tendríamos que haber ido.

Habíamos orado durante el fin de semana, preguntándole a Dios cuándo sería un buen momento para salir. Eso fue el día después de Acción de Gracias (viernes), y Stasi y yo sentimos de parte de Dios que debíamos ir al día siguiente. Pero no tenía sentido para nosotros. Estábamos cansados y los niños querían ver a sus amigos. Había varias «razones» para no ir, pero más que eso estaba esa persistente incredulidad que a veces se presenta como cansancio, eso que sale de nosotros como un quejido, *¿ah, sí? ¿De verdad tenemos que hacer esto ahora Dios?* Así que ignoramos el consejo y fuimos el fin de semana siguiente. Ahora, el fin de semana que Dios nos dijo que fuéramos fue estupendo, sin nieve, cielo soleado, sin viento. Todo el evento hubiera sido encantador.

Pero no. Teníamos que hacer las cosas a nuestro modo.

¿Cómo es el himno? «Confía y obedece, porque no existe otra forma de estar felices en Jesús, sino confiando y obedeciendo». Todo ese calvario podría haberse evitado si sólo hubiéramos escuchado.

El poder de las suposiciones

Hoy me encontré con un antiguo conocido en la librería.

En realidad, estaba casi saliendo cuando me llamó por mi nombre, así que me di vuelta y regresé para saludarlo y dialogar por un momento. Parecía... no estar bien. Era la mitad del hombre que solía ser. Me pregunté por qué. Esperaba escucharlo decir que había sufrido una gran pérdida. Temí que fuera un ser querido. O quizás una enfermedad prolongada. No parecía estar deteriorado como alguien que se encuentra en las últimas etapas del cáncer. Pero había algo en su rostro, la pérdida de una parte esencial de sí mismo. Usted conoce esa apariencia. En realidad, muchas personas la tienen. Es una figura confusa y desanimada. Al hablar, se hizo claro que simplemente había sido desgastado por varios años de confusión ligados a la decepción.

Al salir de la tienda, pensé: *Él mantuvo su promesa. ¿Qué ocurrió?*

Eso tiene que ver con las suposiciones.

Él supuso que Dios, como Dios amoroso, iba a ayudarlo. Es decir, bendiciendo sus tareas. Su ministerio. Haciendo de su vida, una buena. Él parecía estar aturdido y dolido porque eso no había ocurrido. Intentó poner buena cara, pero se podía ver que había perdido el ánimo. Esta puede ser una de las suposiciones más comunes, incuestionables y más ingenuas que comparten las personas que creen en Dios. Suponemos que porque creemos en Dios, y porque Él es amor, nos va a dar una vida feliz. A+B=C. No sea tan osado como para plantear esta suposición en voz alta, ni siquiera debe pensar que la sostiene, pero note su conmoción cuando las cosas no van bien. Observe sus sentimientos de abandono y traición cuando la vida no marcha como usted quiere. Note que a menudo siente que Dios no está tan cerca, ni tan involucrado, siente que no está prestándole atención a su vida.

Ahora bien, no es justo diagnosticar la vida de otro sin tener un conocimiento íntimo de su situación, la historia que la precede y qué es lo que Dios está buscando. Pero yo sí tengo suficiente información para decir que ese hombre supuso que la vida cristiana, estaba compuesta básicamente de creer en Dios y hacer el bien. Ser una buena persona. Eso es bueno. Ese es un comienzo. Pero es sólo eso: un comienzo. Es como decir que la manera de tener una buena amistad es no traicionar a la otra persona.

Seguramente que eso va a ayudar. Desde luego que usted quiere que eso ocurra. Pero existen muchas más cosas en la amistad que simplemente no traicionar, ¿No es así? Sé también que este compañero supone que Dios en realidad no les habla a sus hijos. Entonces, cuando se encontró atacado y socavado por todo aquello que se había manifestado en su vida, no encontró ni fuente, ni guía, ni explicación. Fue triste ver lo que eso ocasionó.

Salí de la tienda pensando en las suposiciones, cómo nos ayudan o lastiman cada día de nuestras vidas. Nuestras suposiciones controlan nuestra interpretación de los acontecimientos y nos proveen una gran parte del impulso y la dirección de nuestras vidas. Es importante que les echemos un vistazo. Y la vida brindará cientos de oportunidades para que veamos nuestras suposiciones en tan sólo una semana. Especialmente al caminar con Dios.

Voy a revelarles una suposición. Supongo que existe un camino íntimo, de conversación con Dios, y es algo normal. Voy un poco más allá. Supongo que si usted *no* encuentra ese tipo de relación con Dios, su vida espiritual se atrofiará. Y que perjudicará el resto de su vida. No podemos encontrar vida sin Dios, y no podemos encontrar a Dios si no sabemos cómo caminar íntimamente con Él. Un pasaje del Evangelio de Juan le va a mostrar a qué me estoy refiriendo. Jesús está hablando acerca de su relación con nosotros, su papel como el buen pastor y el nuestro como las ovejas. Fíjese cómo describe la relación:

Ciertamente les aseguro que el que no entra por la puerta al redil de las ovejas, sino que trepa y se mete por otro lado, es un ladrón y un bandido. El que entra por la puerta es el pastor de las ovejas. El portero le abre la puerta, y las ovejas oyen su voz. Llama por nombre a las ovejas, y las saca del redil. Cuando ya ha sacado a todas las que son suyas, va delante de ellas, y las ovejas lo siguen porque reconocen su voz...

Yo soy la puerta; el que entre por esta puerta, que soy yo, será salvo. Se moverá con entera libertad, y hallará pastos. El ladrón no viene más que a robar, matar y destruir; yo he venido para que tengan vida, y la tengan en abundancia (Juan 10.1-4, 9-10).

Las ovejas viven en un lugar peligroso. La única manera que tienen de moverse con seguridad y encontrar pasto es siguiendo a su pastor de cerca. Todavía muchos cristianos suponen que la manera de encontrar la vida que Dios nos tiene preparada es: (A) creer en Dios, (B) ser una buena y persona, y (C) que Él entregará el resto. A+B=C. Pero Jesús dice que no, existe algo más allá de esa ecuación. Yo *quiero* vida para ustedes. Y la quiero en abundancia. Pero ustedes tienen que darse cuenta de que existe un ladrón. Él está intentando destruirlos. Existen falsos pastores también. No los escuchen. No estén simplemente vagando buscando pasto. Ustedes necesitan hacer más, no sólo creer en mí. Deben estar cerca de mí. Escuchar mi voz. Dejarme guiar.

Ahora pues, existe un pensamiento: Si usted no tiene las mismas suposiciones que Jesús, es incapaz de encontrar la vida que Él tiene para usted.

Dios, ¿todavía habla?

Ayer estaba hablando por teléfono con una joven mujer que me estaba entrevistando para un artículo. Me preguntó de qué se trataba este libro y yo le traté de explicar de esta manera: «Esta es una especie de guía acerca de cómo caminar con Dios. Y cómo escuchar su voz». Le relaté algunas historias (incluyendo la del calvario del árbol de Navidad). Se hizo un silencio bastante largo, ese tipo de silencio elocuente que me indica que di con una gran necesidad y una gran duda. Finalmente, ella me preguntó: «¿Qué le dice a la gente que afirma: "Dios no es así de íntimo con nosotros"?» Tuve una corazonada, fue algo en el tono de su voz, de que no había experimentado la vida cristiana de la forma que yo la estaba describiendo. Quizás porque nunca nadie le había dicho que eso existía; quizás es tan simple como el hecho de que nunca nadie le había mostrado cómo.

¿Es Dios así de íntimo con nosotros? Es bueno comenzar por ahí.

Puede parecer trivial que esté molestando al Dios del universo con una salida familiar en busca de un árbol navideño. ¿En realidad le importan a Dios ese tipo de cosas? ¿Es realmente así de íntimo con nosotros? Empecemos con esto, ciertamente Dios *nos* conoce íntimamente.

Señor, tú me examinas,
    tú me conoces.
Sabes cuándo me siento y cuándo me levanto;
    aun a la distancia me lees el pensamiento.
Mis trajines y descansos los conoces;
    todos mis caminos te son familiares.
No me llega aún la palabra a la lengua
    cuando tú, Señor, ya la sabes toda.
Tu protección me envuelve por completo;
    me cubres con la palma de tu mano.

Conocimiento tan maravilloso rebasa mi comprensión;
   tan sublime es que no puedo entenderlo.

¿A dónde podría alejarme de tu Espíritu?
   ¿A dónde podría huir de tu presencia?
Si subiera al cielo,
   allí estás tú;
Si tendiera mi lecho en el fondo del abismo,
   también estás allí.
Si me elevara sobre las alas del alba,
   o me estableciera en los extremos del mar,
Aún allí tu mano me guiaría,
   ¡me sostendría tu mano derecha!

Y si dijera: «Que me oculten las tinieblas;
   que la luz se haga noche en torno mío»,
ni las tinieblas serían oscuras para ti,
   y aun la noche sería clara como el día.
¡Lo mismo son para ti las tinieblas que la luz!

Tú creaste mis entrañas;
   me formaste en el vientre de mi madre.
¡Te alabo porque soy una creación admirable!
   ¡Tus obras son maravillosas,
   y esto lo sé muy bien!
Mis huesos no te fueron desconocidos
   cuando en lo más recóndito era yo formado,
cuando en lo más profundo de la tierra
   era yo entretejido.
Tus ojos vieron mi cuerpo en gestación:
   todo estaba ya escrito en tu libro;

Todos mis días se estaban diseñando,

aunque no existía uno solo de ellos.

¡Cuán preciosos, oh Dios, me son tus pensamientos!

¡Cuán inmensa es la suma de ellos!

Si me propusiera contarlos,

sumarían más que los granos de arena.

Y si terminara de hacerlo,

aún estaría a tu lado.

Salmo 139.1-18

Más allá de cualquier otra cosa que podamos creer acerca de la intimidad con Dios a esta altura, la verdad es que Dios nos conoce *muy* íntimamente. Él sabe a qué hora usted se fue a dormir anoche. Sabe lo que soñó. Qué desayunó. Dónde dejó las llaves de su auto, lo que piensa acerca de su tía y por qué va a eludir a su jefe hoy a las 2:30. Las Escrituras dejan eso muy en claro. Usted es conocido. Íntimamente.

Pero ¿busca Dios intimidad *con* nosotros? El primer hombre y la primera mujer, Adán y Eva, conocían a Dios y hablaban con Él. «Cuando el día comenzó a refrescar, oyeron el hombre y la mujer que Dios andaba recorriendo el jardín; entonces corrieron a esconderse entre los árboles, para que Dios no los viera. Pero Dios el Señor llamó al hombre y le dijo:— ¿Dónde estás?» (Génesis 3.8-9). Qué hermosa historia. Nos dice que aun en el pecado, Dios nos quiere y nos busca. El resto de la Biblia continúa con la historia de Dios buscándonos, llamándonos para que volvamos a Él.

El Señor estará con ustedes, siempre y cuando ustedes estén con él. Si lo buscan, él dejará que ustedes lo hallen. (2 Crónicas 15.2)

Les daré un corazón que me conozca, porque yo soy el Señor. Ellos serán mi pueblo, y yo seré su Dios, porque volverán a mí de todo corazón. (Jeremías 24.7)

Por lo tanto, adviértele al pueblo que así dice el Señor Todopoderoso: Vuélvanse a mí, y yo me volveré a ustedes —*afirma el Señor Todopoderoso.* (Zacarías 1.3)

Acérquense a Dios, y él se acercará a ustedes. (Santiago 4.8)

Acerquémonos, pues, a Dios. (Hebreos 10.22)

La intimidad con Dios es el propósito de nuestras vidas. Para eso es que Dios nos creó. No solamente para creer en Él, aunque ese es un buen comienzo. No sólo para obedecerlo, si bien eso es signo de una vida superior. Dios nos creó para tener compañerismo íntimo con Él, y para eso estableció la meta de nuestra existencia, conocerlo, amarlo y vivir en una relación íntima con Él. Jesús dice que la vida eterna es conocer a Dios (Juan 17.3). No sólo «conocer» como podemos saber acerca de la capa de ozono o de Ulysses S. Grant. Él se refiere a conocer como dos personas se conocen entre sí, conocer como Jesús conoce al Padre, íntimamente.

Pero, ¿le habla Dios a su pueblo?

¿Se imagina alguna relación en la que no exista la comunicación en lo absoluto? ¿Qué pensaría si se encontrara a tomar un café con dos buenos amigos, y usted supiera que estuvieron en el bar durante una hora antes de que usted llegara y cuando usted se sienta y les pregunta?: «¿Y? ¿De qué estuvieron hablando?» Ellos le responden: «De nada». «¿De nada?» «De nada. No nos hablamos, pero somos muy buenos amigos». Jesús nos llama amigos: «Ya no los llamo siervos, porque el siervo no está al tanto de lo que hace su amo; los he llamado amigos, porque todo lo que a mi Padre le oí decir se lo he dado a conocer a ustedes» (Juan 15.15).

¿Qué pensaría de un padre si se le preguntara?: «¿De qué has estado hablando con tu hijo últimamente?» Y él dijera: «De nada. Yo no hablo con ellos. Pero los amo mucho». ¿No diría que a esa relación le falta algo? ¿Y no es usted hijo o hija de Dios? «Mas a cuantos lo recibieron, a los que creen en su nombre, les dio el derecho de ser hijos de Dios» (Juan 1.12).

Ahora pues, ya sé, ya sé, la creencia predominante es que Dios habla con su pueblo *solamente* a través de la Biblia. Déjeme aclarar esto: Él sí nos habla en primer lugar a través de la Biblia, esa es la base de nuestra relación. Para nosotros, la Biblia es la eterna y constante Palabra de Dios. Es un gran regalo tener en blanco y negro los pensamientos de Dios para con nosotros. Sabemos inmediatamente que no debemos confiar en cualquier otra supuesta revelación de Dios que se contradiga con la Biblia. Por lo tanto, no estoy para nada minimizando la autoridad de la Escritura ni el hecho de que Dios nos habla a través de ella.

Sin embargo, muchos cristianos creen que Dios *sólo* nos habla a través de la Biblia.

La ironía de esa creencia es que eso no es lo que dice la Biblia.

Primero que todo, la Biblia se encuentra repleta de relatos de Dios hablándoles a las personas. Abraham, conocido como el amigo de Dios dijo: «El Señor, el Dios del cielo, que me sacó de la casa de mi padre y de la tierra de mis familiares y que bajo juramento me prometió…» (Génesis 24.7). Dios le habló a Moisés «cara a cara, como quien habla con un amigo». Le habló también a Aarón: «el Señor habló con Moisés y Aarón acerca de los israelitas» (Éxodo 6.13) y a David: «Pasado algún tiempo, David consultó al Señor: ¿Debo ir a alguna de las ciudades de Judá? Sí, debes ir, le respondió el Señor. ¿Y a qué ciudad quieres que vaya? A Hebrón» (2 Samuel 2.1). El Señor le habló a Noé. El Señor le habló a Gedeón. El Señor le habló a Samuel. Y la lista continúa.

Aun ahora escucho objeciones: «Pero eso era diferente. Aquellas eran personas especiales que habían sido llamadas para tareas exclusivas». ¿Y nosotros no somos personas especiales llamadas a hacer cosas exclusivas? Me niego a creer eso. Y dudo que usted quiera creerlo en lo más profundo de su corazón.

Pero por el bien del argumento note que, en la Biblia, Dios también les habla a personajes «menos importantes». Dios le habló a Agar, la sierva de Sara, cuando se estaba escapando: «Como el Señor le había hablado, Agar le puso por nombre "El Dios que me ve", pues se decía: "Ahora he visto al que me ve"» (Génesis 16.13). El Dios que hasta a mí me ve. Qué conmovedor. En el Nuevo Testamento, Dios le habla a un hombre llamado Ananías, que juega un papel muy pequeño en siete versículos en Hechos 9:

> Había en Damasco un discípulo llamado Ananías, a quien el Señor llamó en una visión.
>
> —¡Ananías!
>
> —Aquí estoy, Señor.
>
> —Anda, ve a la casa de Judas, en la calle llamada Derecha, y pregunta por un tal Saulo de Tarso. Está orando, y ha visto en una visión a un hombre llamado Ananías, que entra y pone las manos sobre él para que recobre la vista.
>
> Entonces Ananías respondió:
>
> —Señor, he oído hablar mucho de ese hombre y de todo el mal que ha causado a tus santos en Jerusalén. Y ahora lo tenemos aquí,

autorizado por los jefes de los sacerdotes, para llevarse presos a todos los que invocan tu nombre.

—¡Ve! —insistió el Señor. (vv. 10-15)

Ahora pues, Si Dios no nos hablara a nosotros *también*, ¿Para qué nos habría dado todas esas historias que lo muestran hablando con otros? «Fíjese, aquí hay cientos de historias que inspiran y dan esperanza acerca de cómo Dios le hablaba a su pueblo en una u otra situación. ¿No es increíble? Pero usted no puede experimentar eso. Él ya no habla así». Eso no tiene ningún sentido. ¿Por qué Dios le iba a dar un libro con excepciones? *Así es como solía relacionarme con mi pueblo, pero ya no lo hago.* ¿Qué bien le haría a usted un libro de excepciones? Eso es como darle un manual de usuario para un Dodge cuando lo que usted maneja es un Mitsubishi. No, la Biblia es un libro con ejemplos de lo que se asemeja a caminar con Dios. Decir que Él no nos ofrece eso es demasiado desalentador.

También es antibíblico. La Biblia enseña que escuchamos la voz de Dios:

Todas las mañanas me despierta,
  y también me despierta el oído,
    para que escuche como los discípulos. (Isaías 50.4)

Porque él es nuestro Dios
  y nosotros somos el pueblo de su prado;
    ¡somos un rebaño bajo su cuidado!
Si ustedes oyen hoy su voz,
  no endurezcan el corazón. (Salmo 95.7-8)

El que entra por la puerta es el pastor de las ovejas. El portero le abre la puerta, y las ovejas oyen su voz. Llama por nombre a las ovejas y las saca del redil. Cuando ya ha sacado a todas las que son suyas, va delante de ellas, y las ovejas lo siguen porque reconocen su voz… Yo soy el buen pastor; conozco a mis ovejas, y ellas me conocen a mí, así como el Padre me conoce a mí y yo lo conozco a él, y doy mi vida por las ovejas. Tengo otras ovejas que no son de este redil, y también a ellas debo traerlas. Así ellas escucharán mi voz, y habrá un solo rebaño y un solo pastor. (Juan 10.2-4, 14-16)

Nosotros somos sus ovejas. Jesús dice que Sus ovejas escuchan Su voz.

«Mira que estoy a la puerta y llamo. Si alguno oye mi voz y abre la puerta, entraré, y cenaré con él, y él conmigo» (Apocalipsis 3.20). Jesús está hablando. Él hace una oferta. ¿Para quién es la oferta? «Para cualquiera». Eso lo incluye a usted también. ¿Qué dice Jesús que va a ocurrir? «Oye mi voz». Es decir, oye su voz. Y si respondemos a su voz y a su llamado, ¿Qué hará Jesús? «Entraré, y cenaré con él, y él conmigo». Compartir una comida es un acto de comunión, una propuesta de amistad. Jesús quiere acercar una silla, comer sin prisa en nuestra mesa y conversar con nosotros. Él nos propone una relación íntima con nosotros. ¿Qué podría ser más claro? Fuimos hechos para estar en intimidad con Dios. Él quiere tener intimidad con nosotros. Esa intimidad requiere comunicación. Dios le habla a su pueblo.

Para más sobre este tema, visite www.walkingwithgod.net.

Pero, ¿qué debo hacer?

Volvamos a la entrevista.

Finalmente, llegamos al tema en cuestión. La joven mujer me preguntó: «¿Qué le dice a la gente que afirma: "Yo no escucho de esa manera la voz de Dios"?»

De acuerdo. Eso sí que es diferente. Una cosa es decir: «Dios no le habla a Su pueblo». Y otra cosa es decir: «Yo no escucho a Dios hablándome». Eso es lo que estaba estimulando todas sus objeciones, *ella* no escucha a Dios de esa manera. Sentí pena por ella. Ella había aceptado todas esas suposiciones teológicas de que Dios no le habla a Su pueblo, porque no ha experimentado que Dios le *hable* a ella.

Primero que todo, si a usted le enseñaron que Dios no le habla, entonces probablemente no va a estar intentando escuchar su voz. Todo eso tiene que ver con el tipo de relación que usted cree que Dios ofrece.

Yo dije: «Lleva tiempo». «Es algo que aprendemos. Nombre cualquier cosa en la vida que realmente disfrute hacer y que no requiera de ninguna práctica para alcanzarla».

Si quiere hacer música, tiene que aprender a tocar un instrumento. Y al principio no suena tan bien. Será difícil tocar a tiempo, se escucharán graznidos y chillidos. Pero realmente está encaminado para poder hacer música. Suena como si estuviera estrangulando a un cerdo. Si usted sigue adelante, algo hermoso comienza a surgir. ¿Qué le parece patinar sobre hielo? Aprender a hacerlo es muy difícil al principio. Se cae un montón de veces. Se siente uno como un idiota. Pero si persevera, va a comenzar a disfrutarlo. Empieza a mejorar. Lo empieza a sentir como algo natural. Ahí es donde se transforma en divertido. Así es con cualquier cosa en la vida.

Incluyendo nuestro caminar con Dios. Lleva tiempo y práctica. Es difícil al principio, y a veces nos sentimos estúpidos. Pero si perseveramos, lo empezamos a obtener y mientras que se va haciendo cada vez más natural, nuestras vidas se llenan con Su presencia, con toda la alegría, belleza y placer que vienen con ello.

Es algo que se debe aprender.

Y vale la pena aprenderlo.

Entonces, aquí está mi primera suposición. Existe un camino íntimo y de conversación con Dios. Hasta es algo normal. O al menos, *debe* serlo. Soy consciente de que una gran mayoría de personas no lo disfrutan…, todavía. Pero es ciertamente lo que Dios desea y lo que nos ofrece. Mi suposición también está basada en que la naturaleza de la relación requiere comunicación. Está basada en el gran archivo en el que Dios les habla a las personas de distintos rangos en todo tipo de situaciones y, finalmente, está basada en la enseñanza de Jesús, que nos dice que escuchemos Su voz.

Sigamos con la segunda suposición.

¿Cuál es el plan de Dios?

Esta mañana estoy sentado frente a mi computadora, y mi dedo está congelado sobre el botón izquierdo del mouse [ratón].

Mi programa de correo electrónico me está preguntando: «¿Está seguro de que desea eliminar este mensaje?» Y no estoy muy seguro. Es incontestable. Innegable. Está ahí desde hace mucho. Alguien me ha marcado (los detalles deben permanecer ocultos ya que seguramente esa persona leerá este libro), y yo he escrito una respuesta que siento que es sincera, con franqueza, un poco vergonzosa y completamente irrefutable. Estoy a punto de oprimir el botón para enviarlo con la misma satisfacción que tiene en su cara un jugador que realiza un drible al tomar la pelota en un pase rápido en los cuartos de final. Esto va a ser muy bueno.

Entonces Dios dice: *No lo hagas.*

¡¿Qué no lo haga?! ¡Oh! Algo en mí se cae. El árbitro hizo sonar el silbato. Se produjo un foul en el juego. Qué bronca. Iba a ser tan bueno. Estaba merecido. ¿Por qué no puedo enviar esto? No necesito que Dios me responda. Ya sé por qué. El hecho de que todo el proceso me haya parecido tan placentero me responde por qué. (Usted sabe a lo que me refiero. Usted también tiene esos momentos, esas conversaciones en las que es brillante y la otra persona se queda muda.) Puedo sentir al Espíritu diciéndome: *No te hará ningún bien. No se encuentran en la posición de escucharlo. Déjalo pasar.*

Un largo silencio. Un profundo suspiro. Las cosas están cambiando por dentro. Estoy aceptando más que una guía en esta situación. Estoy aceptando el cambio. En lo profundo de mi alma, donde se encuentran la coyuntura de mi corazón y mi voluntad, estoy aceptando la transformación. Oprimo «Sí» y dejo que todo eso se vaya.

Jesús dijo que como nuestro buen pastor, nos está guiando. Qué pensamiento más alentador. Jesús lo está guiando y me está guiando a mí. Nos está pastoreando. Siento que algo en mi corazón se libera mientras considero esto. De acuerdo. No debo permitir que la vida transcurra como yo quiero. Ahora pues, se encarga de guiarnos, entonces lo que nos toca a nosotros es seguirlo. Y usted se dará cuenta de que le va a ayudar en su futuro si usted sabe cuál es el plan de

Dios. Es cierto, puede ser que no sepamos *exactamente* cuál es el plan de Dios en esta o aquella situación de nuestras vidas. ¿Por qué no me dieron ese trabajo? ¿Por qué ella no responde mis llamadas? ¿Por qué mis oraciones no curaron este cáncer? No lo sé. Unas veces podemos verlo con claridad y otras no.

Pero más allá de lo que esté pasando podemos saber esto: El plan de Dios siempre tiene que ver con nuestra transformación.

Porque a los que Dios conoció de antemano, también los predestinó a ser transformados según la imagen de su Hijo, para que él sea el primogénito entre muchos hermanos. A los que predestinó, también los llamó; a los que llamó, también los justificó; y a los que justificó, también los glorificó (Romanos 8.29-30).

Dios tiene algo en mente. Él está comprometido profunda y personalmente a restaurar la humanidad. A restaurarlo a usted. Él tenía en mente a un hombre y a una mujer específica cuando le creó a usted. Él ha establecido una relación con usted, trayéndolo de regreso a través de la obra de Jesucristo. Y ahora su plan es restaurarlo. Él hace eso, moldeando su vida «según la imagen de su Hijo». Moldeándolo a la imagen de Jesús. Puede estar seguro de eso. Es un hecho. Más allá de lo que esté ocurriendo en su vida, Dios siempre está al cuidado de su transformación.

Por cierto, esa es una buena noticia. Todo el resto de las cosas que anhelamos en la vida, como amistad y amor, libertad y plenitud, claridad y propósito, toda la alegría que anhelamos, depende de nuestra restauración. Usted no puede encontrar ni tener buenos amigos si todavía es una persona irritante. Y no hay forma de que el amor florezca mientras siga controlando. Usted no puede encontrar su verdadero propósito en la vida mientras siga haciendo lo que las personas esperan que usted haga. No puede encontrar la paz mientras siga gobernado por el miedo. No puede disfrutar lo que tiene si sigue envidiando lo que tiene el otro. Y así podríamos seguir.

Dios quiere que seamos contentos. Realmente contentos. «Yo he venido para que tengan vida, y la tengan en abundancia» (Juan 10.10).

Pero Él sabe que para que nosotros seamos realmente felices, debemos ser íntegros. Otra palabra para eso es *santos*. Debemos ser restaurados.

Piénselo de este modo, piense cómo se siente cuando echa todo a perder. La mirada en el rostro de su hijo cuando le grita. La distancia que ha crecido entre ustedes aunque le haya pedido disculpas. Por centésima vez. Cómo lo destruye por dentro tener fantasías románticas con la mujer de otro. Quiere eso, pero no lo quiere, pero desea poder, aunque en realidad no. Pero ¿por qué ocurre eso? La culpa que siente cuando le miente a un amigo en su propia cara. Y él lo descubre. Las horas que ha desperdiciado escondiendo el resentimiento. La vergüenza que le dan sus adicciones. Usted conoce qué es lo que lo acosa.

Ahora pues, ¿Cómo sería no hacerlo nunca más en la vida? Ni siquiera luchar con eso. ¿Cómo sería su vida si se liberara de todo lo que lo atormenta?

La alegría, el completo alivio que tendría al ser transformado. Eso traería más felicidad que muchas de las cosas que hayamos experimentado. Y como si eso fuera poco, nos libraría para vivir la vida que Dios quiere que vivamos.

Amigos míos, este es el plan de Dios. Hacia eso es a donde se dirige nuestro Pastor. Más allá de lo que esté ocurriendo en nuestras vidas, *esto* es lo que está ocurriendo. Él se comprometió a transformarnos. Entonces, si este es el plan de Dios, ¿No tendría sentido que seamos más deliberados y lo acompañáramos en nuestra transformación? Una parte de mí quisiera haber enviado ese e-mail. Pero mi parte más profunda y más real se siente aliviada de que Dios me haya detenido. Habría lastimado a esa persona. Luego me habría arrepentido. Habría entrado en una crisis que me llevaría horas de energía emocional para salir de ella. No puedo comenzar a contar las veces que Dios evitó que hiciera desastres como ese, las cosas que evitó que dijera, las decisiones que habría tomado si Él no hubiera intervenido.

Yo quiero caminar con Dios.

verano

otoño

invierno

primavera

*Un tiempo de restauración y renuevo,
y para encontrar nuevamente la alegría*

Calma para poder escuchar

En realidad, esta historia comenzó en junio, el primer día de las vacaciones de verano. Estoy sentado en el porche de nuestra cabaña escuchando cómo cae la lluvia en el techo de chapa y viendo cómo arruina todos mis planes del día. No puedo ir de excursión. No puedo hacer tareas. No puedo pescar. El barro está tan profundo que no puedo ir manejando a ningún lado. Estoy atrapado. Clavado. Con Dios y conmigo mismo. No puedo hacer más nada que prestar atención a lo que aparece dentro de mí cuando no puedo encargarme de las actividades del día. Estoy prestándole atención a mi diario que está sobre mis piernas y comienzo a escribir esto:

Estoy cansado nuevamente.

Realmente cansado.

Estoy tan cansado y atormentado, que me duele el cuerpo.

O duele abandonar en la primera oportunidad que tenga y estar cansado.

Sin duda alguna que este año ha sido difícil. Tantas cosas en curso, tantas cosas solicitadas. Pero Dios está buscando algo. Mientras escribo, me siento como un prisionero que escribe su confesión.

Y sé por qué estoy cansado.

Estoy agotado de vivir empujando y forzando las cosas.

Forzando, forzando, siempre forzando.

Forzar las cosas es como un estilo de vida para mí, apenas sé cómo vivir de otra manera. Siempre estoy trabajando en algo. Tratando de hacerme la vida más fácil a mí o a alguien más. Es como si me empujara hacia la vida. Siempre buscando la forma de mejorar las cosas. Vengo aquí al rancho, a descansar, y en los primeros diez minutos de tranquilidad, mi mente vuela de esta manera: *Debo enseñarle a Sam a lanzar una caña con anzuelo. Debemos terminar de hacer la cerca del fondo. Debo trabajar con los caballos todos los días que estemos aquí. Ahora podría pintar la puerta. Mejor que me fije en el mapa por Lucas y por mi viaje de agosto. Hacer planes.*

Jesús, ten misericordia.

Esta lluvia es una bendición. No tengo otra alternativa que detenerme. Haciendo un poco de puchero. Comienzo a aceptar que este diluvio viene de parte de Dios. No puedo vivir de esta forma, siempre trabajando en algo. Tratando de mejorar la vida. Forzado. Es el primer día de mis vacaciones, pero no puedo disfrutarlo por la condición en que me encuentro. Yo fui el que produjo esto en mí. Estoy deshilachado como una cuerda vieja por la forma en que vivo. Y siento que esta no es la vida que Dios quiere que viva. Estoy seguro de que no existe un versículo que diga: «Él me lleva al completo agotamiento, quiere que esté andrajoso». De hecho, ¿No dice Jesús algo acerca de que su yugo es fácil y ligera su carga? Quizás yo tenga otro yugo distinto al de Cristo.

¿Fue realmente necesario que hiciera tantos viajes este año? *¿Realmente?* ¿Tenía que acercarme a todos aquellos que me sentí obligado a acercarme? *¿Realmente?* Y aquí viene la pregunta embarazosa: Al menos ¿le pregunté alguna de esas cosas a Dios? Ahora pues, ya sé, ya sé que nuestras vidas parecen tan inevitables. Siempre existe alguna razón. Siempre hay una excusa. «¡Pero yo debo vivir de esta manera! Si no cargo al mundo en mis hombros, ¿Quién lo hará?»

Gotas, gotas y más gotas. Este aguacero no da muestras de que vaya a acabar. Es tan persistente como el Espíritu que viene con él.

Atrapado en el porche, sé que la cuestión va mucho más allá de estas vacaciones. Lo sé muy bien. La cuestión es la manera en la que vivo mi vida. Y forzado a parar por unos instantes, también sé que no deseo vivir así. Las cosas que estoy haciendo para intentar que la vida pase, todas esas cosas que sentimos tan inevitables, me están agotando y me están impidiendo encontrar la vida que Dios ofrece. Si se está quedando sin gasolina, lo mejor es ir lentamente para conservar el combustible y que pueda llegar a la siguiente estación de servicio. Lo que yo hago es acelerar. Presionar el acelerador al máximo. No se pregunte por qué Dios nos mandó a descansar. De no ser así, no lo haríamos. Aun así con el mandato, en realidad no lo hacemos. Sentado aquí en el porche con Dios, recuerdo lo que me había olvidado, que existe una *vida* de la cual fluye todo. Una vida que viene de parte de Dios. Jesús nos dio el ejemplo de la vid y las ramas. Él es la vid y nosotros somos las ramas (Juan 15.5). La clave fundamental de esa imagen es que la vida fluye de la vid hacia las ramas, y sólo de esa manera se obtiene el buen fruto. Las ramas simplemente son canales.

Ellas no pueden hacer que surja la abundancia. Las ramas necesitan vida para brindar la alegría que traen esas uvas, el festín, el vino, la celebración luego de la cosecha. Esa vida no existe en las ramas en sí. Ellas y nosotros debemos obtenerla de otra fuente. De Dios.

Ahora pues, descansar es sólo una de las formas en que podemos recibir la vida de Dios. Nos detenemos, dejamos nuestras ocupaciones y nos permitimos llenarnos nuevamente. Entonces, ¿Por qué se siente como si descansar fuera un lujo? Seriamente, parece algo irresponsable. Pensamos que podemos manejarnos como bueyes cincuenta semanas al año, resucitar en las vacaciones de quince días, y después volver y hacer lo mismo nuevamente. Eso es una locura. La presión y mi esfuerzo, me alejan de la vida que necesito con desesperación. Ni siquiera me detengo a preguntar: *¿Es esto lo que querías que hiciera, Señor? ¿Quieres que pinte el baño? ¿Que sea voluntario en la iglesia? ¿Que me quede trabajando hasta tarde?*

Es ahí donde Dios envía este aguacero para que yo no desperdicie mis vacaciones corriendo como si fuera un galgo. Él me ama demasiado para dejarme hacer lo que quiera.

Volvamos al pastor y las ovejas. Cuando las ovejas siguen al pastor, encuentran pasto. Encuentran vida. La vida no se nos aparece mágicamente. Tenemos que estar dispuestos para recibirla. Hay un estilo de vida que nos permite recibir la vida de Dios. Yo sé que si vivo más íntimamente con Jesús y sigo su voz, voy a tener una mejor oportunidad para alcanzar la vida que anhelo. Lo sé. Si escucho su voz y lo dejo marcar el paso, si coopero en mi transformación, seré un hombre mucho más feliz. Y así una nueva oración comenzó a surgir dentro de mí. Le estoy preguntando a Dios: *¿Cuál es la vida que deseas que viva?*

Si podemos obtener una respuesta a esa pregunta, todo cambiará.

Aprenda a escuchar

Estamos invitados a convertirnos en seguidores de Jesús.

No sólo creyentes. *Seguidores.* Existe una diferencia.

Ser seguidores implica que alguien más está guiando. Como dice aquí: «Él llama por nombre a las ovejas y las saca del redil… va delante de ellas, y las ovejas lo siguen porque reconocen su voz» (Juan 10.3-4). La Biblia nos invita a una intimidad con Dios que nos lleva a la vida que fue pensada para que vivamos. *Si* le seguimos. «Yo te instruiré, yo te mostraré el camino que debes seguir; yo te daré consejos y velaré por ti» (Salmo 32.8). Dios nos promete guiarnos en cada detalle de nuestras vidas. De hecho, el salmo continúa: «No seas como el mulo o el caballo, que no tienen discernimiento, y cuyo brío hay que domar con brida y freno, para acercarlos a ti» (v. 9).

¿Cómo sería rendir a Cristo cada detalle de nuestras vidas? ¿Cómo sería seguir el consejo y la instrucción en cada pequeña decisión que surge en la vida que estamos viviendo?

Sería… asombroso.

Creo que nos encontraríamos diciendo lo que afirmó David: «Me has dado a conocer la senda de la vida» (Salmo 16.11). Este es el privilegio y la alegría de las ovejas que pertenecen al buen pastor. Él las guía por buen camino. Las guía hacia la vida. Entonces, volviendo a la pregunta: *¿Cuál es la vida que deseas que tenga?* Es una buena interrogante, quizás una de las mejores que le podríamos hacer a Dios. Después de todo, Él nos creó. Y sabe por qué. Él sabe qué es lo mejor para cada uno de nosotros. Si nos dijera cuál es la vida que desea que tengamos, los detalles, el ritmo de vida, los lugares en los que debemos invertir y los lugares en los que no; estaríamos en Su voluntad. Y así encontraríamos vida.

Pero es una pregunta muy difícil de hacer. Creo que debo empezar con algo más pequeño.

Este fin de semana, el primero de nuestras vacaciones de verano, mi pregunta simple era: *¿Qué deseas que hagamos: vamos al rancho o nos quedamos en casa?* (Para nosotros, el rancho es un lugar de descanso y restauración. O al menos se supone que debería serlo.) Sabía que debía empezar así. Con una simple pregunta.

Ese es el primer paso para aprender a escuchar la voz de Dios: Plantear preguntas simples. No puede empezar con preguntas difíciles y complejas como: ¿Debería casarme con Ted? o, ¿Quieres que mañana venda el negocio familiar? O, ¿Tengo cáncer de pulmón? (La paranoia rara vez me permite escuchar la voz de Dios.) Es como querer aprender a tocar el piano con Mozart, o aprender a esquiar haciendo «black diamonds» dobles. Hay demasiada emoción en juego, demasiados torbellinos en nuestra cabeza. Yo pienso que para escuchar la voz de Dios, debemos estar en una postura de entrega. Empezar por preguntas pequeñas nos ayuda a aprender a hacerlo.

¿Recuerda la historia del profeta Elías luego de su triunfo en el Monte Carmelo? Corrió y se escondió en una cueva. Y allí fue donde le habló Dios.

El Señor le ordenó: «Sal y preséntate ante mí en la montaña, porque estoy a punto de pasar por allí».

Entonces vino un viento recio, tan violento que partió las montañas e hizo añicos las rocas delante del Señor; pero el Señor no estaba en el viento. Al viento lo siguió un terremoto, pero el Señor tampoco estaba en el terremoto. Tras el terremoto vino un fuego, pero el Señor tampoco estaba en el fuego. Y después del fuego vino un suave murmullo. (1 Reyes 19.11-12)

Un suave murmullo. «Un silbo apacible y delicado», como dice en algunas traducciones. Para escuchar ese suave murmullo, debemos calmarnos. Dejar el drama fuera. Aquietar nuestros corazones. Ahora bien, mientras vamos creciendo en nuestra santidad, podemos estar tranquilos y entregados aun en las preguntas más difíciles. Pero eso lleva tiempo y madurez. No pretenda que eso le pase cuando está empezando. Comience con preguntas simples. Puedo sentarme tranquilo con la pregunta: *¿Qué deseas para este fin de semana: deberíamos ir al rancho o quedarnos en casa?* No es un tema de vida o muerte. No estoy esperando escuchar desesperadamente lo que quiero escuchar en secreto. No es algo tan dramático.

Lo que haré es quedarme con esa pregunta ante Dios por varios minutos. Para que me ayude a estar pendiente de Él y no empezar a preguntarme: *¿Saqué las medias de la secadora? ¿Mañana es el día que debo hablar por teléfono con mi editor? ¿Dónde dejé mi celular?*, voy a repetir la pregunta tranquilamente en mi corazón. *Dios, ¿Deseas que vayamos al rancho o que nos quedemos en casa?* Me estoy rindiendo ante Dios. *¿Deseas que vayamos al rancho o que nos quedemos en casa?* Calmarnos y estar pendiente de Dios. Hacer silencio y escuchar. Repetir la pregunta. *¿Deberíamos ir al rancho o quedarnos en casa? ¿Cuál es tu consejo?*

Y mientras estoy haciendo eso, también me estoy dando cuenta de cuál es la postura de mi corazón al respecto. ¿Estoy dispuesto a aceptar lo que sea que Dios quiera decirme? Eso es absolutamente crítico. Si solamente puedo escuchar una respuesta que concuerde con lo que quiero escuchar, entonces no estoy en una postura de entrega a la voluntad de Dios, y me va a resultar difícil escucharlo, o creer lo que *sí* escucho, especialmente si es la respuesta que estoy buscando. No existe otra cuestión más decisiva que la entrega, cuando hablamos de escuchar la voz de Dios. Es realmente hermosa. Somos atraídos hacia Dios en busca de guía, pero nos encontramos con una santidad más profunda porque estamos aprendiendo a entregarnos. Aun algunas veces diré que estoy escuchando: *Dios aceptaré cualquier cosa que me quieras decir.* Me ayuda a poner mi alma en una postura de quieta rendición.

Allí está la base: empezar con preguntas breves. Repetir la pregunta tranquilamente en su corazón ante Dios. Póngase en una actitud de quieta rendición. Y permítame agregar esto, estoy asumiendo que estamos hablando de temas a los que no se refiere la Escritura directamente. No necesita preguntarle a Dios si debe o no debe matar o si debe salir corriendo con el televisor de su vecino. Él ya le ha hablado acerca de esos temas. No necesita preguntarle si debe descansar. También nos habló acerca de eso. Pero a veces no sabemos dónde, cuándo ni cómo descansar, entonces debemos buscar la guía escuchando.

Ahora bien, si parece que no puedo escuchar la voz de Dios en ese momento, lo que voy a hacer es intentar con una respuesta y después otra. Aun con una postura de tranquila rendición, le pregunto al Señor: *¿Es eso un sí? ¿Quieres que vayamos?* Me quedo en silencio. En mi corazón lo estoy intentando, como si esa fuera la respuesta de Dios. *¿Deberíamos ir?* Hago silencio y escucho. *¿O es que no, que quieres que nos quedemos en casa?* Hago silencio y dejo que esa sea la respuesta. *¿Deberíamos quedarnos en casa?* Me quedo en silencio y vuelvo a escuchar.

Muy a menudo podemos sentir la guía divina acerca de un tema antes de que escuchemos palabras reales. Seguramente haya escuchado decir la expresión: «Tuve una revisión espiritual». Se refiere a un silencio interior, a indecisión, un repentino desgano para seguir adelante. Puede que el Espíritu de Dios lo esté impresionando con la voluntad de Dios, al hacer que una respuesta parezca poco atractiva o de alguna manera errónea. Llamándole la atención, deteniéndolo. Nuestro espíritu está unido al de Dios, y muchas veces nos deja conocer profundamente Su voluntad antes de que esta sea dicha con palabras. Probar las posibles respuestas me hace dar cuenta de que me permite alinearme con Su Espíritu. Y con el tiempo, esas impresiones profundas se empiezan a transformar en palabras. Un simple sí o un simple no pueden ser muy motivadores si aprendemos a escuchar.

Escucho, *sí, vayan. Será bueno.*

(Visite www.walkingwithgod.net)

Santos y sin mancha

Y ahora está lloviendo.

Estoy completamente seguro de que Dios me dijo que viniera y ahora está lloviendo.

No deje que eso lo desanime. Puede que las cosas no se desplieguen de la forma en que usted cree cuando está siguiendo a Dios. Recuerde, que Él está en la búsqueda de nuestra transformación y nuestra alegría. Las dos cosas van juntas. Necesitaba descansar más de lo que suponía. Pero soy tan adicto al trabajo, que estaba a punto de cambiar Su regalo: descanso por una semana. Arreglar la cerca, pintar la puerta, completar el trabajo. Entonces Él me tiene que inmovilizar en el porche para que no desperdicie el regalo que me está intentando dar.

Y ahora que estoy inmovilizado, puedo ver lo que Dios está mostrando. Estoy sumamente seguro de la forma en que me manejo. Si mantengo este ritmo me voy a quemar. Voy a tener un ataque al corazón. Me voy a incendiar. Y ahora puedo caminar con Dios todavía más íntimamente si coopero con Él para mi transformación.

Me tiene aquí en el porche para que pueda mostrar cuán obligado me siento. Para que juntos podamos averiguar por qué. No pareciera que esta lluvia fuera a acabar. Pareciera que nos quedan horas por descubrir cuál es el propósito de Dios.

Haga silencio. Usted *sí* sabe cuál es el propósito de Dios, ¿no es así? Quizás por eso es que nos ocupamos tanto con el resto de las cosas para evitar saberlo, y así evitamos ocuparnos de eso.

Y usted sabe que la solución rápida no siempre funciona. El hecho de decirme a mí mismo: «John, estás muy ocupado, tienes que descansar un poco», surte tanto efecto como decirle a un adicto que deje su adicción. (¿Le ha funcionado a usted?)

Existen fuerzas que están manejando la forma en que vivo, razones y obligaciones escritas en lo profundo de mi alma. Sé de dónde provienen esa presión y ese esfuerzo. Provienen de la incredulidad, de algún profundo miedo que sólo depende de mí. La vida depende de mí. Debo progresar lo más que pueda antes del fin. Hacer el heno mientras que brille el sol ya que no siempre va a brillar, ¿Qué es esa clase de temor subyacente? Dios no está buscando modificar el comportamiento (diciéndonos que paremos), sino el cambio verdadero, profundo y duradero.

Y eso me lleva a otra suposición que debemos sostener si caminamos con Dios, la verdadera sanidad requiere la salud de nuestra alma.

Alabado sea Dios, Padre de nuestro Señor Jesucristo, que nos ha bendecido en las regiones celestiales con toda bendición espiritual en Cristo. Dios nos escogió en él antes de la creación del mundo, para que seamos santos y sin mancha delante de él. En amor. (Efesios 1.3-4)

Santos y sin mancha. Los dos van de la mano. Cuán importante es esto. Usted no podrá encontrar la santidad que desea sin estar sin mancha. No puede simplemente decirle al adicto al alcohol que lo deje. Esa persona realmente *necesita* dejarlo, pero también necesita una profunda sanidad *para poder* dejarlo. No puede decirle a un hombre que es muy temperamental, que deje de tener mal carácter. A él le encantaría cambiar. Daría cualquier cosa por hacerlo. Simplemente no sabe cómo. No conoce todas las fuerzas que existen dentro de él que hacen que se llene de enojo. Decirle que deje de estar furioso es como decirle que calme el mar.

Por muchos años han existido dos bandos en la cristiandad. Uno es la multitud de la santidad, o de la «justicia». Son aquellos que mantienen un estándar, predicando un mensaje de pureza moral. Los resultados… se han mezclado. Un poco de moralidad, y bastante culpa y vergüenza. Casi no existe el cambio duradero a partir de ese enfoque. Yo estoy de acuerdo con la pureza y la busco. Solamente que no se puede llegar a ella sin la sanidad del alma.

Dios nos disciplina para nuestro bien, a fin de que participemos de su santidad. Ciertamente, ninguna disciplina, en el momento de recibirla, parece agradable, sino más bien penosa; sin embargo, después produce una cosecha de justicia y paz para quienes han sido entrenados por ella.

Por tanto, renueven las fuerzas de sus manos cansadas y de sus rodillas debilitadas. «Hagan sendas derechas para sus pies», para que la pierna coja no se disloque sino que se sane. (Hebreos 12.12-13)

Sanados. Es decir, restaurados. Restablecidos. Hechos sin mancha. La Biblia nos dice que no podemos pretender andar el camino que

Dios quiere que tengamos sin la sanidad de nuestra alma. Ahora bien, el otro gran bando es el de la «gracia». Su mensaje es que no podemos anhelar satisfacer a un Dios santo, pero que igual somos perdonados. Estamos bajo la gracia. Y alabamos al Dios viviente, y estamos bajo la gracia. Pero ¿qué ocurre con la santidad? ¿Qué ocurre con el profundo cambio personal? Pablo dice: «Así el pecado no tendrá dominio sobre ustedes, porque ya no están bajo la ley sino bajo la gracia» (Romanos 6.14). Él está suponiendo que una gracia certera nos librará del poder del pecado que existe en nuestro diario vivir.

Mi manera de conducirme y mis obligaciones me arruinarán si continúan así. Dios lo sabe. Él también sabe qué es lo que necesito. Sentado aquí en el porche, le estoy pidiendo que entre a los lugares profundos de mi alma y que me sane. Al menos tengo alguna idea del origen de la manera en que me manejo. Hace bastante tiempo atrás, me sentía solo. Era una herida muy profunda. Ningún hombre debe estar solo. Pero esa herida me llevó a una determinación pecaminosa: *Me las arreglaré yo solo.* Sentía que la vida dependía de mí (esa era mi herida). Yo decidí vivir como si mi vida dependiera de mí (ese era mi pecado). El camino para liberarme de todas esas presiones y esfuerzos, implicaba arrepentimiento y sanidad para que a través de su amor fuera santo y sin mancha. Escuchemos a Jesús:

> Porque el corazón de este pueblo se ha vuelto insensible;
>> se les han embotado los oídos,
>> y se les han cerrado los ojos.
> De lo contrario, verían con los ojos,
>> oirían con los oídos,
>> entenderían con el corazón
> y se convertirían, y yo los sanaría. (Mateo 13.15)

Sanarlos. ¡Jesús anhelaba que su pueblo se volviera a Él para sanarlos! Cuando afirma: «De lo contrario», se refiere a que si no fueran tan cabeza dura, se volverían a Él y los sanaría. Esta verdad es esencial para el panorama que usted tiene acerca del evangelio. Moldeará sus convicciones acerca de casi todo el resto de las cosas. Dios quiere restaurarnos. Nosotros debemos «cambiar» y arrepentirnos de la mejor manera que podamos. Pero también necesitamos su sanidad. Como dice Efesios 1.4, Dios nos eligió para hacernos santos y sin mancha a través de Su amor. Dios nos revelará el camino de la vida si le seguimos. Y si así lo hacemos, encontraremos lo que necesitamos para ser santos y sin mancha.

Así que estoy orando y escribiendo:

Jesús, perdóname. Te pido que me perdones por vivir sometido a intentar que mi vida se encamine a través de mis propias fuerzas, por todo el esfuerzo que hago para forzar las cosas y por la falta de fe que me impulsa, perdóname.

Y te ruego que me sanes. Sana el espacio de mi alma que durante tanto tiempo se ha sentido solo, y ha sentido que la vida dependía de mí.

Y al orar, recuerdo algo que Dios me ha estado diciendo desde hace algún tiempo. O mejor dicho, me lo dice nuevamente. Se refiere a los profundos miedos que hay en mi corazón, le habla al centro de la cuestión.

Nunca te dejará mi ayuda.

Y una brisa suave acaricia mi cara.

Haga espacio para la alegría

Hace algunos años, una mujer con un espíritu sensible y un buen ojo para entender qué es lo que Dios está buscando, me apartó para hacerme esta advertencia: «La batalla que hay en tu vida está en contra de tu alegría».

Me golpeó como un camión con remolque.

Pero por supuesto. De repente la vida cobraba sentido. El fastidio. Las batallas. Las desilusiones. Las pérdidas. La resignación. ¿Por qué no lo había visto antes? Me refiero a que, día tras día enfrento distintos tipos de luchas, pero pude ver la conspiración; el complot diabólico que ellas traían consigo. Comencé a ver cómo el enemigo estaba intentando quitar toda la alegría de mi vida. Agobiándome. Así, cansado y sediento, estaría vulnerable ante una falsa alegría. Comenzaría con adicciones leves, y después llegaría a algo peor. De esa manera, destruiría todo lo que Dios ha hecho en y a través de mí. Era tan obvio. Por supuesto.

Lo que esa mujer me dijo se convirtió en una revelación, en un rescate. La alarma de incendio sonó antes de que la casa se incendiara. Por varios días el mundo tenía sentido a la luz de la alegría. Pero en el trajín del día a día de los meses venideros, toda esa claridad se esfumó. Se esfumó completamente. La alegría como una categoría parecía... irrelevante. Linda pero no imprescindible. Como tener un jacuzzi. Y distante también. El jacuzzi está en las islas Fiji. No sería lindo. No iba a ocurrir. La vida no depende de la alegría. Tengo un montón de *cosas* que debo hacer. Los correos electrónicos se están acumulando y no he pagado las cuentas por dos meses. La luz que indica: «Revisar el motor» se encendió en el Honda. ¿Alegría? la vida se trata de sobrevivir, y solamente disfrutar un poco. Eso parecía lo común.

Ahora, realmente, ¿Cuánto piensa usted en la alegría? ¿La ve como algo esencial para la vida, algo en lo que Dios insiste que tengamos?

Ayer por la mañana, mis hijos, Sam, Blaine y yo nos subimos a nuestros caballos y fuimos al bosque. El sol se filtraba a través de los álamos mientras íbamos por un sendero por el que nunca cabalgamos. Nuestro perro Golden, que se llama Scout, corría delante de nosotros. Parecía que los caballos estaban disfrutando el paseo tanto como nosotros. Estaba fresco debajo de la arboleda de álamos. Tranquilo. Eterno. Por la tarde, Blaine y yo nos fuimos con la canoa a una ensenada de una gran montaña que se alimenta por un hermoso arroyo torrencial. Remamos poco más de un kilómetro desde la escala hasta la ensenada. Las truchas estaban apareciendo. No había nadie más. Durante una hora estuvimos rodeados por las montañas pescando truchas y el torrente de la ensenada era el único sonido de la tarde. Cuando regresamos a casa, vimos un zorro y un puercoespín.

Fue un día increíble. Uno de esos días extraños y gloriosos, que después de un tiempo, se convierte en la imagen de las vacaciones de verano en nuestros recuerdos.

Entonces, ¿Por qué hoy no me despierto con un corazón alegre? La alegría estaba ahí. ¿Dónde se ha ido?

Siento como si hubiera conocido a un extraño en el avión con el que nos conectamos. Intercambiamos algunas historias, tomamos algunos tragos y nos reímos juntos. Luego regresé a una casa vacía. Es así. Tuve un encuentro con la alegría. Me hizo acordar de un anhelo. Ahora empiezo a darme cuenta de que ni siquiera le di diez minutos a la alegría y mucho menos la busqué como algo esencial para mi vida.

Eso tiene que ver con pactos que realicé sin siquiera saberlo. Cuando hablo de «pactos», me refiero a esas convicciones sutiles que tenemos, que asentimos, a las cuales cedemos, o que se plantean para que asumamos que son reales. Ocurre en lo profundo de nuestra alma donde se forman nuestras verdaderas creencias acerca de la verdad. Alguien o algo nos susurra: *La vida nunca será de la forma que esperabas o, Nadie sobrevivirá o, Dios te ha desamparado.* Y hay algo en nosotros que responde: *Eso es cierto.* Hacemos un pacto con eso y adoptamos una convicción. Parece tan razonable. Yo creo que así es como llegamos a adoptar nuestras creencias más que de cualquier otra forma. Acuerdos sutiles.

De cualquier manera, me empecé a dar cuenta de que lo que más había hecho en mi vida fue resignarme a esa idea: *En realidad no voy a tener una alegría duradera.* Y desde esa resignación, estuve intentando buscar y encontrar lo que podía tener. Las mujeres hacen eso en el matrimonio. Observan que no van a tener ninguna intimidad real con sus maridos, por lo tanto se sumergen en fragancias, revistas o novelas románticas. Los hombres ven su trabajo como una muerte lenta, así que obtienen algo que los reconforte cada noche en las barras de los bares. Toman unas cervezas con los amigos, miran el partido. La alegría ni siquiera es un tema a considerar. Sosegarse por placer.

Ahora pues, para ser justos, la alegría no es algo que hoy esté cayendo del cielo. No salimos cada mañana a recogerla como si fuera maná. Es difícil adquirirla. Tener alegría parece más difícil que ganarse la lotería. No nos agrada mucho pensar en ella, porque nos duele permitirnos sentir cuánto anhelamos tenerla, y cuán poco aparece.

Pero el punto es la alegría. Sé que lo es. Dios dice que el gozo es nuestra fortaleza. «El gozo del Señor es nuestra fortaleza» (Nehemías 8.10). Y pienso: *¿Mi fortaleza? Ni siquiera lo pienso como mi estímulo ocasional.* Pero en realidad, ahora que pienso un poco, puedo ver que cuando sentí gozo, me sentí más vivo que cuando cumplí ocho años. Recuerde cómo se sintió. Ahora piense cómo sería la vida si sintiera eso normalmente. Quizás eso sea lo que significa ser fortalecido por el gozo. Sería bueno.

Tomo una concordancia y comienzo a leer un poco acerca de la alegría. «Mi corazón salta de alegría» (Salmo 28.7). ¿Cuándo fue la última vez que mi corazón saltó de alegría? Ni siquiera lo recuerdo.

«Tú has hecho que mi corazón rebose de alegría, alegría mayor que la que tienen los que disfrutan de trigo y vino en abundancia» (Salmo 4.7). Yo le creo a David cuando dice eso. Y creo que Dios lo hace. Solamente que no puedo decir que sé exactamente a qué se está refiriendo.

Abro los evangelios. ¿Qué dice Jesús acerca de la alegría?

Les he dicho esto para que tengan mi alegría y así su alegría sea completa. (Juan 15.11)

Hasta ahora no han pedido nada en mi nombre. Pidan y recibirán, para que su alegría sea completa. (16.24)

Ahora vuelvo a ti, pero digo estas cosas mientras todavía estoy en el mundo, para que tengan mi alegría en plenitud. (17.13)

¿Alegría completa? ¿Su alegría en plenitud? ¿Eso es lo que quiere Jesús para nosotros? Estoy casi atónito. No puedo creer que se haya transformado en alegría. Ahora es tan obvio, aun así me pone bastante incómodo. Probablemente porque está demasiado cerca de mi corazón y de lo que anhelo. La alegría es algo tan tierno, que no nos gusta saberlo. La evitamos, porque parecemos muy vulnerables si admitimos que anhelamos la que no tenemos.

Jesús, no tengo idea de qué sigue después de esto. Pero te invito a que me lo indiques. Llévame donde necesito ir. Sé que esto está relacionado con la vida que deseas que tenga.

¿Qué debería leer?

Regresemos al lugar que tiene la Escritura en nuestro caminar con Dios.

Dios nos habla a través de la Biblia. Y lo que allí dice, tiene más autoridad que cualquier otra cosa en nuestras vidas. Es el cimiento de nuestra fe, el examen de todas las cosas, una conexión viva al corazón y a la mente divina, cuando nos acercamos a ella con el Espíritu de Dios. Agrego esa característica porque tenemos una buena capacidad para acordarnos de que los fariseos leían y estudiaban la Biblia, «Sin embargo, la mente de ellos se embotó, de modo que hasta el día de hoy tienen puesto el mismo velo al leer el Antiguo Pacto. El velo no les ha sido quitado, porque sólo se quita en Cristo. Hasta el día de hoy, siempre que leen a Moisés, un velo les cubre el corazón» (2 Corintios 3.14-15). Qué triste. La leían pero no la entendían.

La Biblia no es un libro mágico. No revela sus tesoros solamente cuando leemos un pasaje. No nos hace santos por el solo hecho de que la tengamos en alta estima. Muchos cultos utilizan la Biblia. Aun Satanás la cita (vea Lucas 4.9-12). Necesitamos la Biblia y todo lo que ella tiene que decirnos. Desesperadamente. También necesitamos el Espíritu de Dios para que nos guíe en nuestra lectura y estudio. «Todo esto lo digo ahora que estoy con ustedes. Pero el Consolador, el Espíritu Santo, a quien el Padre enviará en mi nombre, les enseñará todas las cosas y les hará recordar todo lo que les he dicho» (Juan 14.25-26).

Necesitamos a Dios para que nos ayude a entender Su Palabra. No podemos separar un paseo con Dios de la lectura de las Escrituras. Los dos van de la mano. Es como tener un guía turístico al pasear por los pasillos del Louvre. «Si ustedes me aman, obedecerán mis mandamientos. Y yo le pediré al Padre, y él les dará otro Consolador para que los acompañe siempre: el Espíritu de verdad, a quien el mundo no puede aceptar porque no lo ve ni lo conoce. Pero ustedes sí lo conocen, porque vive con ustedes y estará en ustedes» (Juan 14.15-17). Demasiadas personas se acercan a la Escritura sin tener intimidad con Dios, por lo tanto o terminan frustrados porque obtienen muy poco de ella o peor, acumulan un entendimiento intelectual lejos de cualquier comunión real con Dios. Eso suele terminar en orgullo religioso.

La Biblia fue hecha para leerla en compañerismo con Dios. Las cosas pueden parecer como de otro mundo si no lo hacemos. Habiendo hecho esta advertencia, déjeme decirle que cuanto más conocemos la Escritura, y cuanto más se convierte en una parte de nosotros, más nos daremos cuenta de que podemos caminar con Dios. Dedicarle mucho tiempo a la Palabra de Dios, le permitirá al Espíritu Santo hacerle descubrir una biblioteca dentro de usted. Por ejemplo, estaré sentado en una reunión volviéndome loco, y el Espíritu me recordará: «La ira humana no produce la vida justa que Dios quiere» (Santiago 1.20). Me tranquilizaré. O voy a estar mirando en la librería las revistas donde en todas las tapas aparecen mujeres bellas, y el Espíritu me recordará: «No abrigues en tu corazón deseos por su belleza» (Proverbios 6.25). O estaré observando una vista espectacular en las montañas y porque sé que «Del Señor es la tierra y todo cuanto hay en ella» (Salmo 24.1), mi corazón rebosará de gratitud y recordaré cómo es Dios a través de Su creación.

No hay ningún sustituto para la Palabra escrita de Dios. No importa cuán preciosa sea una palabra personal para nosotros, no importa cuán estupendo sea un comentario, ninguno se compara con la Palabra escrita. He visto demasiados cristianos inmaduros que buscan la «revelación» y se tornan obcecados porque no están originados ni basados en las Escrituras.

Los preceptos del Señor son rectos:

    traen alegría al corazón.

El mandamiento del Señor es claro:

    da luz a los ojos.

El temor del Señor es puro:

    permanece para siempre.

Las sentencias del Señor son verdaderas:

    todas ellas son justas.

Son más deseables que el oro,

    más que mucho oro refinado;

son más dulces que la miel,

    la miel que destila del panal.

Por ellas queda advertido tu siervo;

    quien las obedece recibe una gran recompensa.

(Salmo 19.8-11)

Pero *¿qué* es lo que debemos leer?

La Biblia es un gran libro, aun con la letra diminuta y el papel suave. Hay mucho que recibir. Todo tipo de contenidos y estilos distintos. Se puede sentir como elegir entre *Guerra y paz* o la biografía de Robertson de Stonewall Jackson. Ahora pues, estoy a favor de todos los programas para ayudarnos a leer la Biblia en un año o estudiar un libro particular. Ayuda mucho conocer el contexto y la historia. Abundan los comentarios, las concordancias y *software* de estudios bíblicos para la computadora; yo los utilizo y les saco provecho.

Pero aparte de todo eso, déjeme agregar cuán enriquecedor puede ser simplemente preguntarle a Dios: «*¿Qué te gustaría que lea hoy?*»

El hecho de dejar que su Pastor lo guíe en su lectura, permite que Él lo lleve al pasaje que quizás a usted no se le había ocurrido, o que no esté relacionado con el programa que usted estaba utilizando, sino que es la palabra que usted necesita. De esta forma, he recibido muchas advertencias, interminables consejos, inmensurable consuelo y la intimidad incomparable de Dios hablándome directamente a través de Su Palabra.

Esta mañana le pregunté a Dios qué quería que leyera. Al principio escuché simplemente *Juan*. Así que abrí mi Biblia en el Evangelio de Juan y una vez ahí le pregunté: *¿En qué parte de Juan?* Y Dios me dijo: *Diez* (me ha dicho eso varias veces estos últimos días). Ahora me doy cuenta que escuchar a Dios de una forma tan directa puede ser una nueva experiencia para usted. Ciertamente no lo fue muchos años para mí. No me avergüenzo de eso. Somos estudiantes y estamos aprendiendo. No deje que la experiencia con Dios que tiene hasta este punto limite lo que puede disfrutar con Él en los próximos años.

Comencé a leer en Juan 10, sin saber todavía cuál era el plan de Dios, pero estaba expectante. Yo sabía que más allá de que esa mañana no discerniera por qué estaba en ese pasaje, sabía que sacaría provecho de estar aquí. Así que estaba contento de cualquier manera. Esto es lo que leí:

Ciertamente les aseguro que el que no entra por la puerta al redil de las ovejas, sino que trepa y se mete por otro lado, es un ladrón y un bandido. El que entra por la puerta es el pastor de las ovejas. El portero le abre la puerta, y las ovejas oyen su voz. Llama por nombre a las ovejas, y las saca del redil. Cuando ya ha sacado a todas las que son suyas, va delante de ellas, y las ovejas lo siguen porque reconocen su voz. (Juan 10.1-4).

Me encanta este pasaje y he dedicado mucho tiempo a analizarlo. Pero hoy me llama la atención la frase: «va delante de ellas». Es casi como si nunca antes lo hubiera notado, o prestado atención desde mi corazón. Jesús va delante de nosotros. Eso es tan tranquilizador y es una perspectiva *tan* diferente a la que veo cada día. O mejor aun, me revela la forma en que veo cada día. Eso es lo que ocurre.

Me comunico con Dios en la mañana orando y a veces leyendo alguna cosa. Pero luego se produce un cambio. En alguna parte entre la oración, el desayuno, el viaje para llevar a los chicos a la escuela, mi trabajo, comenzar a responder los e-mails y abordar proyectos, se produce una separación. No me siento como si estuviera siguiendo a Jesús que va delante de mí. Es como que doy por sentado que me estoy abriendo camino. Hasta esta mañana nunca lo hubiera dicho con esas palabras. Pero ese pasaje me hace dar cuenta de que no veo que en nuestra relación, Dios esté yendo delante de mí. Pero yo quiero que así sea. Cuánto lo deseo. Mi corazón está comprometido. No es un ejercicio intelectual. Sino una conversación inmediata y viva con Dios a través de Su Palabra.

¿Es así Jesús? ¿Realmente vas delante de mí?

Esa es una opinión de Dios mucho más acertada, una opinión en la que Él está comprometido con nosotros e involucrado íntimamente en el mundo y en nuestras vidas. Mientras lo pienso ahora, creo que he sido un Deísta inconsciente. Dios está ahí, pero yo estoy haciendo lo mejor que puedo desde aquí, mientras que Él me está sonriendo, sin estar realmente comprometido en los detalles. Esa concepción no es real, y es una forma desagradable de vivir. Pienso en el maravilloso comentario de George MacDonald:

Si para mí —«Dios a veces interfiere»—

Dije: Mi fe se cegaría de repente.

Yo lo veo a Él en todo…

Él es el amor que observa y que escucha.

(Diary of an Old Soul)

En realidad creo esto. ¿Por qué no creo en los sucesos cotidianos de mi vida? Quizás tiene que ver con que: *Realmente* creo que Cristo nos guía, pero no me esfuerzo *conscientemente* para seguirle en medio de todos los momentos, en los que vivimos realmente la vida. La pregunta es: ¿Seguiré a Dios, en vez de seguir a mi manera cada día? Esta es la transición a una vida mejor. Preguntarle a Él hacia dónde se está dirigiendo y qué es lo que está haciendo durante todo el día. Entonces mientras Él *esté* yendo delante de mí, yo le estoy siguiendo.

Eso fue lo que necesitaba leer esa mañana, justo lo que me recetó el doctor.

Ahora pues, hay otras veces en las que leeré lo que pienso que Dios me ha impulsado a leer, y que en ese momento no le encuentro ningún sentido. Hace algunas semanas fue *Juan 7*. Leí todo el capítulo y, aunque disfrutaba de la historia, la sentí insípida. Fue como leer la tabla periódica de los elementos. Fue como que encogí mis hombros y comencé mi día, sabiendo que lo que fuera que Dios me quiso decir con ese pasaje, si lo había escuchado bien, me lo iba a aclarar. Pasaron algunos días y en uno de esos estaba manejando y pensando en cómo me paralizo cuando me percato de lo que otros piensan acerca de mí. Y fue como si el Espíritu me llevara nuevamente a Juan 7.

Entre la multitud corrían muchos rumores acerca de Él. Unos decían: «Es una buena persona.» Otros alegaban: «No, lo que pasa es que engaña a la gente.» Sin embargo, por temor a los judíos nadie hablaba de Él abiertamente. Jesús esperó hasta la mitad de la fiesta para subir al templo y comenzar a enseñar. Los judíos se admiraban y decían: ¿De dónde sacó éste tantos conocimientos sin haber estudiado?»
—Mi enseñanza no es mía —replicó Jesús— sino del que me envió. El que esté dispuesto a hacer la voluntad de Dios reconocerá si mi enseñanza proviene de Dios o si yo hablo por mi propia cuenta. El que habla por cuenta propia busca su vanagloria; en cambio, el que busca glorificar al que lo envió es una persona íntegra y sin doblez. (vv. 12-18)

Jesús habla con gran libertad. No le preocupaba qué pensaban los eruditos religiosos acerca de Él, fuera bueno o malo. Ni permitía que la opinión del público lo influenciara de ninguna manera. Solamente decía lo que tenía que decir, sabiendo que tenía la aprobación de Su Padre.

A esto es a lo que te referías. Esto es lo que querías que viera.

Sí.

Señor, quiero la libertad que tú tienes. Quiero estar completamente libre de lo que otros piensan acerca de mí.

Inténtelo. Pregúntele a Dios qué le gustaría que usted leyera. Tranquilícese y aquiete su corazón. Deje fuera la presión que le dice que *debe* escuchar de Él ahora y que las cosas no están bien entre ustedes. Todo está bien. Usted es de Él. Sosiéguese, aquiete su corazón y su relación. Luego haga esta simple pregunta: *Dios, ¿Qué te gustaría que lea hoy?* Haga silencio y escuche. Repita la pregunta. Si le empieza a parecer que lo escuchó decir algo, repítalo. *¿Dijiste Juan 10, Señor? ¿Quieres que lea Juan 10?* (Eso de «seguir intentándolo».) Practique esto durante algunas semanas.

Se maravillará con lo que le será revelado.

Cuando no escuchamos a Dios

No puedo encontrar mi reloj esta mañana. Y eso me pone nervioso.

Aquí estoy, con unas pocas horas preciosas para escribir, pero sigo levantándome cada quince minutos para buscar mi reloj. Y no lo puedo encontrar. En realidad no lo necesito ahora. No tengo que ir a ningún lado hasta dentro de una hora y media. Pero creo que es mi cabeza que piensa tanto en que no *puedo* encontrar el reloj que me obsesiona *querer* encontrarlo. Recién eché un vistazo alrededor de mi casa, buscándolo en los lugares más usuales, la mesita de luz, el tocador del baño, detrás de los almohadones del sofá, y no está allí. (Tampoco estaba cuando hurgué por todos lados quince minutos atrás. ¿Será que creo que aparecerá por arte de magia?) Luego pienso, *estás escribiendo un libro acerca de caminar con Dios. ¿Por qué no le preguntas a Él dónde se encuentra?*

De acuerdo. Entonces oro. «Dios, tú sabes donde está mi reloj. ¿Dónde está?»

Silencio. No escucho nada.

No sé por qué. Pero no voy a permitir que ese sea el veredicto para mi relación con Dios hoy. Amigos, esto es muy importante. No sabemos qué es lo que hace que parezca que no escuchamos la voz de Dios cada día. Podría ser que todavía estoy muy distraído, obsesionado por encontrar mi reloj cuando no lo necesito y, en realidad, debería estar escribiendo. No sé todo lo que está ocurriendo.

Pero sí sé algo: Eso no puede sentenciar cómo me estoy llevando con Dios o cómo se siente Él conmigo en este momento.

Escuchar a Dios *fluye a través* de nuestra relación. Esa relación fue establecida para nosotros por Cristo Jesús. «En consecuencia, ya que hemos sido justificados mediante la fe, tenemos paz con Dios por medio de nuestro Señor Jesucristo» (Romanos 5.1). Más allá de lo que sintamos, sí tenemos una relación con Dios ahora, porque le pertenecemos. Y nuestra relación está segura. «Pues estoy convencido de que ni la muerte ni la vida, ni los ángeles ni los demonios, ni lo presente ni lo por venir, ni los poderes, ni lo alto ni lo profundo, ni cosa alguna en toda la creación, podrá apartarnos del amor que Dios nos ha manifestado en Cristo Jesús nuestro Señor» (Romanos 8.38-39).

Yo soy de Dios, Él es mío.

Porque *realmente* tenemos una relación con Dios asegurada por Jesucristo y por todo lo que Él ha hecho, podemos crecer *desarrollando* esa relación. En la base de lo que es objetivamente verdadero, podemos acceder a una experiencia divina en nuestras vidas que se profundiza con el paso del tiempo. Y eso incluye aprender a escuchar Su voz. Una oración que no implique armarle un discurso, una conversación unilateral, sino el acto de hablar y escuchar de Dios. Un diálogo. Es una gran herencia que tenemos.

Mi habilidad para escuchar la voz de Dios cada día no cambia ni un poco mi posición en Cristo. Comparto esto porque lo que menos quiero introducir en su fe es vergüenza o duda o cualquier otro ataque porque ahora no esté escuchando claramente. Emprender el viaje hacia una intimidad con Dios, incluye una intimidad en la conversación, algo hermoso, lleno de sorpresas y regalos de parte de Él.

Pero también nos puede hacer tambalear si basamos nuestra relación con Dios en la habilidad de escuchar de Él en este momento o acerca de este tema en particular. Yo sé que eso me ha ocurrido. Nuestra fe se basa en algo mucho más sólido que el suceso de hoy. Tenemos la Escritura, dada por Dios, y esta es el cimiento para cualquier otra cosa. Ella nos dice que al haber puesto nuestra fe en Dios, le pertenecemos y estamos completamente seguros. Nos dice que Él está involucrado en nuestras vidas hoy, lo sintamos o no. Nos dice que Él nunca jamás nos abandonará.

Por lo tanto, si usted todavía no está escuchando, no se preocupe. No hay problema. Siga orando. Siga escuchando. Piense en cuál será el plan de Dios si no fuera responderle rápidamente su pregunta. Como ahora, por ejemplo, que lo que noto es que quiero empezar a culpar a las personas. *¿Quién robó mi reloj? Estoy seguro de que fue Stasi. Caramba Louise ¿Por qué lo hiciste?* ¿Por qué me resulta tan fácil encontrar a alguien a quien culpar? Me río de mí mismo. *Tranquilo, amigo. No sabes eso. No te anticipes a la acusación del tribunal.* Lo que necesito hacer ahora es dejarlo pasar. Simplemente dejarlo pasar.

Esta historia tiene un final gracioso.

Ya ha transcurrido una hora y media, ahora es tiempo de que me vaya, y realmente me encantaría tener mi reloj. Entonces oro nuevamente: *Jesús ayúdame a encontrar mi reloj.* No pretendo escuchar nada ahora; estoy confiando en algo aun más profundo, que Él está aquí y que me puede guiar para encontrarlo. Esta no es una propuesta presionante. No quiere decir que si no escucho algo de parte de Dios es que no está en el asunto. Para nada. Voy a la habitación, agarro un par de medias de la gaveta y me siento en el piso para ponérmelas. Creo que nunca hice algo así antes, sentarme en ese lugar en particular para ponerme las medias, pero desde este ángulo puedo verlo debajo de la cama. Ahí está. Mi reloj.

Siento que Dios está sonriendo.

Los conocerás por sus frutos

Esta mañana estoy intentando escribir, pero no me puedo concentrar. Simplemente no le encuentro la vuelta.

Durante los últimos veinte minutos intenté con varios enfoques para ocuparme de esto. He sacado un resumen para que me ayude a pensar claramente. Me fijé en otra sección del libro para ver si tal vez me inspiraba mejor ahí. Le di lugar a la distracción, chequeando los e-mails, deambulando por la casa, esperando que para cuando regrese sea yo nuevamente. Nada parece estar funcionando. Y ahora es que me percato de quién podría tener interés en frustrar el progreso de mi libro, quién estaría contento de distraerme por un mes, o aunque sea por un día, quién querría distorsionar mis pensamientos lo suficiente como para disminuir la belleza o la ayuda que brindaría lo que estoy tratando de decir.

Jesús dijo: Los conocerás por su fruto.

El principio se mantiene vigente para cualquier cosa en la vida. Es especialmente útil para diagnosticar lo que el enemigo se propone. ¿Cuál es el fruto de lo que usted está experimentando? ¿Cuál es su *efecto*? Si continúa, ¿Cuál será el resultado? ¿Qué se perderá? Jesús dijo que vino para que tengamos vida y vida en abundancia. También nos advirtió que el ladrón viene para robar, matar y destruir. ¿Hay algo que está siendo robado? Eso no es de Dios. Él llamó a Satanás acusador de los hermanos. ¿Se encuentra usted bajo esa acusación a punto de decir: «Soy un imbécil»? (Estoy usando una palabra decente.) Mire el fruto, le dará una idea de qué árbol provino.

Pablo dijo que «el fruto del Espíritu es amor, alegría, paz, paciencia, amabilidad, bondad, fidelidad, humildad y dominio propio» (Gálatas 5.22). No me estoy sintiendo muy alegre en este momento. De hecho, cuanto más tiempo nos hace perder esta opresión, es cuanto más desanimado me siento. No hay demasiada paz aquí tampoco. No como en un río. Ni siquiera como en un riachuelo. Sea lo que fuera esta nube bajo la que me encuentro, no está trayendo con ella fruto del Espíritu. No puedo volver al aire puro en el que me encuentro normalmente cuando escribo. Hay algo en el camino. Es impreciso, todavía no sé que es, pero estoy seguro que veré el fruto que viene con eso. Y es que no puedo escribir.

Ahora pues, ciertamente, debemos tener cuidado del fruto de la carne. Pablo nombra esos frutos como «inmoralidad sexual, impureza y libertinaje; idolatría y brujería; odio, discordia, celos, arrebatos de ira, rivalidades, disensiones, sectarismos y envidia; borracheras, orgías, y otras cosas parecidas» (Gálatas 5.19). Definitivamente no. Ninguno de esos parece estar en esto. Desde luego que estoy abierto a la convicción de pecado, pero no estoy ni furioso, ni borracho. Y no es que el bloqueo del escritor se encuentre en la nómina. Hay algo más en el camino.

El primer gran despertar en nuestro viaje de fe nos hace dar cuenta de que Dios existe. Puede ser una gran sacudida. El segundo, podríamos decir la epifanía que cambia la vida, es cuando nos comenzamos a dar cuenta que debemos ocuparnos de Él. Tenerlo en cuenta. Nos damos cuenta de que Dios no debe ser ignorado. Esta es una sacudida aun mayor y una ruta de corrección para cualquier ser humano. Muchas personas lo evitan por años. Pero gracias a Dios, nos damos cuenta de que no existe un camino mejor que poner nuestro amor y nuestra confianza en Dios, aceptar su invitación a la vida, y entregarle nuestro corazón. Nos convertimos en sus hijos e hijas a través de la fe en Cristo Jesús. Y con esperanza nos volvemos seguidores de Él.

Pero existe un despertar aun mayor. La próxima epifanía en nuestro viaje de fe es darnos cuenta de que Satanás existe. Y que tenemos que ocuparnos de él también. Nos damos cuenta de que tampoco lo tenemos que ignorar. Me da tristeza decir que este despertar sea poco común, aun entre los seguidores de Cristo, más allá del hecho de que la Escritura está llena de advertencias acerca del enemigo.

Se desató entonces una guerra en el cielo: Miguel y sus ángeles combatieron al dragón; éste y sus ángeles, a su vez, les hicieron frente, pero no pudieron vencer, y ya no hubo lugar para ellos en el cielo. Así fue expulsado el gran dragón, aquella serpiente antigua que se llama Diablo y Satanás, y que engaña al mundo entero. Junto con sus ángeles, fue arrojado a la tierra… Entonces el dragón se enfureció… y se fue a hacer guerra contra… los que obedecen los mandamientos de Dios y se mantienen fieles al testimonio de Jesús. (Apocalipsis 12.7-9, 17)

Satanás fue expulsado a la tierra. Junto con todas sus fuerzas y ángeles caídos. (Los llamados demonios.) Ellos se encuentran haciendo guerra en contra de aquellos que se han convertido en amigos de Dios. Con la excepción de que la mayoría de estos últimos no lo saben. Yo no lo supe por años. Era ignorante. Estaba en la oscuridad. Pero eso es algo muy útil para saber. Arroja mucha luz en los sucesos de su vida.

Volvamos a la ingenua suposición de que A+B=C sea buena. Crea en Dios. Y todo estará bien. Jesús dijo que no. *Hay más cosas en juego. Ustedes tienen un enemigo. Deben tomar eso en cuenta, o no encontrarán la vida que yo les estoy ofreciendo.* Juzgando por el fruto de mi desánimo y mi falta de claridad, y el hecho de que Dios parece estar lejos esta mañana, tengo una buena corazonada de que el enemigo está aquí, interfiriendo en mi proceso de escritura.

Por lo tanto debo detenerme y orar.

Hágalo ahora

Tengo que orar acerca de esto *ahora*.

Pero cuando estoy enfrentando un ataque espiritual de cualquier tipo, casi siempre surge la tentación de ignorarlo, dejarlo para después, o explicarlo como una mala digestión o mis insuficiencias en curso o algo más. Cualquier cosa. Veo esto en todos mis amigos también. Simplemente no queremos ocuparnos de eso.

Dios nos dio una voluntad. Aprender a ejercitarla indica que pertenece a una persona que está madurando. ¿No quiere levantarse de la cama esta mañana? Perderá el trabajo. ¿No quiere dejar de darse ningún gusto? Estará endeudado. Eso es desarrollarse. Y no hay nada como la guerra espiritual para enseñarle a ejercitar su voluntad. En primer lugar, no querrá ocuparse de eso. Entonces, lo mejor que puede hacer es cambiar, enfrentar el ataque, y ocuparse de él. Ahora. Eso fortalece su voluntad. Pero muchos cristianos en realidad no oran directamente en contra del ataque. Orarán algo así como: *Jesús, te pido que quites esto.* Si están enfrentando el desánimo orarán: *Te pido que me animes.* Y es algo bueno estar animado. O digamos que han estado confrontando la lujuria. La mayoría orará: *Señor, dame pensamientos puros*. Y es algo bueno pedir por pensamientos puros.

Pero aun así siguen esquivando el tema.

El enemigo está presente en forma de un espíritu malvado, y *usted* debe ordenarle que se aparte. Como exhorta la Biblia: «Resistan al diablo, y él huirá de ustedes» (Santiago 4.7). Sin resistencia, no huirá. Dios nos manda a resistir. Pablo nos muestra cómo hacerlo. «Por fin Pablo se molestó tanto que se volvió y reprendió al espíritu: ¡En el nombre de Jesucristo, te ordeno que salgas de ella! Y en aquel mismo momento el espíritu la dejó (Hechos 16.18). En voz alta. En el nombre de Jesucristo. Así es como se debe hacer.

Ahora pues, ayuda mucho si usted puede nombrar al espíritu. Está tratando con un espíritu distorsionado, un espíritu malvado lleno de desobediencia y engaño. Puede hundirnos, manejarnos y rehusarse a apartarse. Usted debe ser directo y tiene que impartir autoridad. «¡Cállate!, lo reprendió Jesús» (Lucas 4.35).

Note la frase *lo reprendió*.

A veces usted sabe con qué está tratando por su fruto. De repente es atacado por la lujuria, entonces es la lujuria lo que debe desterrar. Se encuentra bajo un malestar de desesperación, entonces es la desesperación lo que debe desterrar. Pero en este punto es aun mejor *detenerse y preguntarle a Dios* con qué está tratando. No simplemente tomar una salvaje autoridad contra eso. Pregúntele a Jesús contra qué debe orar. Cuando crezca su habilidad de escuchar la voz de Dios, esto se convertirá en algo muy útil para tratar con el enemigo. Bastante seguido, luego de años de práctica, yo simplemente empiezo orando, y al orar escucho al Señor y oro lo que Él me dice que ore. Así oré esta mañana:

«Traigo el reino de Dios, la gloria del Señor Jesucristo y la plenitud de la obra de Cristo en contra de este espíritu de distracción y en contra de los espíritus malvados que haya aquí». Parece que distracción no da precisamente en el blanco, entonces le pregunto a Dios: *¿Qué es Señor? ¿Con qué estoy tratando aquí?*

Degradación, me dice. Claro, ese ha sido un enemigo mío durante años. Un espíritu de degradación. De acuerdo. «Traigo la completa obra del Señor Jesucristo en contra de la degradación y la ato fuera de mí». Recuerde que Jesús dijo: «Ate al hombre fuerte» (Mateo 12.29). Claramente el contexto de Su instrucción está tratando con espíritus malvados, porque en el versículo anterior Él dijo: «En cambio, si expulso a los demonios por medio del Espíritu de Dios, eso significa que el reino de Dios ha llegado a ustedes» (v. 28). Luego habla de atar al enemigo.

Entonces hago silencio por un momento y le pregunto a Cristo: *¿Hay algo más por lo que deba orar?*

Sé limpio con mi sangre y pídele a mi Espíritu que te restaure en mí, que restaure nuestra unión y que te inspire.

«Me limpio con la sangre del Señor Jesucristo. Traigo la sangre de Cristo sobre mi espíritu, mi alma y mi cuerpo, sobre mi corazón, mi mente y mi voluntad. Le pido a tu Espíritu, Jesús, que me restaure en ti, que me renueve en ti, que renueve nuestra unión y que me inspire. En el nombre de Jesús».

Ahí me estoy sintiendo mejor. No completamente mejor, a veces estas cosas llevan un poco de tiempo para que funcionen en el reino espiritual. Pero estoy mejor ahora, y voy a estar pendiente por cualquier ataque futuro. Si no estoy completamente mejor en treinta minutos, es decir limpio y ya no «bajo eso», entonces me detendré y oraré nuevamente.

Ahora pues, sé que esto puede sonar raro o espeluznante. Pero la Escritura dice claramente que los seguidores de Cristo experimentarán ataque espiritual. «Practiquen el dominio propio y manténganse alertas. Su enemigo el diablo ronda como león rugiente, buscando a quién devorar. Resístanlo, manteniéndose firmes en la fe, sabiendo que sus hermanos en todo el mundo están soportando la misma clase de sufrimientos» (1 Pedro 5.8-9). «Sus hermanos» se refiere a los cristianos. Y «en todo el mundo» se refiere a que esos ataques espirituales no se limitan a una cruzada de Billy Graham o a una misión a Nueva Guinea. Son parte de la vida cristiana.

Yo supongo que oro en contra de alguna forma de ataque cada dos días. Cuando las cosas andan mal, todos los días. Usted puede pensar que eso es demasiado, pero pronto descubrirá que si quiere vida y gozo, si está buscando una intimidad profunda con Dios, atraerá su atención. Al enemigo no le agradará. Eso está bien. No se rinda. No se eche atrás. Como dice la Escritura, resista. Sublévese. Pelee. Si lo hace, se puede librar del ataque. Y lo mejor de todo, es que eso lo hace santo. Porque fortalece su voluntad y lo acerca más a Cristo. Permite que usted madure, porque debe ser intencional y usted debe tratar directamente con los ataques.

Ya no más esquivos.

(Visite www.walkingwithgod.net)

Tenga cuidado con los acuerdos

¿Bajo cuántos tipos de opresión como esos vivimos y cuánta alegría entregamos porque nunca nos paramos a preguntar?: «¿De dónde proviene esta suciedad?» Yo podría haber supuesto que solamente estaba teniendo una mala mañana. Podría haber asignado las distracciones al bloqueo del escritor. Hubiera sido tan fácil hacer eso, tan fácil hacer un acuerdo sutil, algo como: *Supongo que hoy no podré hacer nada.* Usted debe tener mucho cuidado con esos pactos.

Sabemos que el enemigo es un mentiroso. En efecto, es el padre de la mentira (Juan 8.44). También sabemos que es astuto. Más que cualquier criatura creada por Dios (Génesis 3.1). Entonces, podemos esperar que sea bastante bueno para hacernos creer sus mentiras. Muy, muy bueno. Sus ataques son frecuentemente muy sutiles, enmascarados con algo más (como el bloqueo del escritor). Lo que está esperando es que no veamos su ataque como lo que realmente es, y que estaremos de acuerdo con él. Déjeme mostrarle cómo funciona.

Estábamos poniéndonos al día con unos viejos amigos después de cenar una noche, una pareja que no veíamos hacía años. Durante el curso de la noche, hablamos acerca de nuestros hijos, qué estaban haciendo y acerca de los viajes que habíamos realizado. Una espectacular conversación general. De repente la mujer (a la que llamaré Ana) me detuvo en el medio de la historia.

— ¿Ustedes siguen diciendo cosas como «Después Dios nos dijo» o «Le preguntamos a Dios, y dijo…»? Actúan como si Dios les hablara todo el tiempo.

—Bueno todo el tiempo no —le dije—. Pero sí bastante seguido.

Ella tenía una mirada como extrañada.

—Yo nunca escuché la voz de Dios.

Ahora pues, recuerde, esta querida mujer ama a Dios y ha sido cristiana por treinta años, y fue esposa de pastor gran parte de ese tiempo.

— ¿Y qué pasa si no eres tú Ana? —le dije—. Me refiero a ¿Qué pasa si no es tu culpa?»

Sus ojos se empezaron a llenar de lágrimas. Ella pensaba que era su culpa. Todos hacemos eso. Pensamos que somos nosotros los del problema.

— ¿Quién tendría un interés personal para que no escuches la voz de Dios?

—Satanás supongo —dijo con poco entusiasmo. Ella no era una gran creyente de la guerra espiritual—. Hagamos esto, oremos y veamos si hay algo en el camino, algo que esté bloqueándote para que no escuches la voz de Dios.

Los cuatro nos levantamos de la mesa, fuimos a la sala, nos sentamos y comenzamos a orar, preguntando: «Jesús, ¿Hay alguna forma en la que Ana te escuche?» Esperamos durante varios minutos en silencio. Estoy seguro de que estamos enfrentando algo, en parte porque de repente tengo una sensación insoportable como que: *Esto no funcionará. No deberías estar haciéndolo.*

Después Stasi dijo:

—Bueno, yo escucho la palabra *abandono*

De acuerdo. Abandono. Nunca se sabe hacia dónde lo llevarán estas cosas. Me di vuelta y le pregunté a Ana:

— ¿Alguna vez te sentiste abandonada Ana?

Más lágrimas. Ella no puede hablar, solamente asiente con la cabeza.

—Cuéntanos.

Ella comenzó a relatar una historia del comienzo de su vida cristiana. Su primer bebé tenía cólicos terribles y lloraba todo el día. Era un chillón real. Ella llegó al límite y un día clamó con desesperación a Dios para que lo detuviera. Pero no lo hizo. El enemigo estaba allí en ese momento. *«Fíjate, Dios te ha abandonado»*, le dijo. Y hubo algo en su corazón que lo aceptó. Ella hizo un pacto. *Dios me ha abandonado*. Y una cortina entre Dios y ella cayó en el corazón de Ana.

Pablo nos advierte que los temas emocionales no resueltos pueden crear fortalezas espirituales en una vida cristiana. «Si se enojan, no pequen. No dejen que el sol se ponga estando aún enojados, ni den cabida al diablo» (Efesios 4.26-27). Pablo estaba escribiéndole una carta a los creyentes, y él es muy claro cuando habla de que la forma en la que lidiamos con los sucesos que nos ocurren le puede dar cabida al enemigo o a las fortalezas en nuestras vidas. Nuevamente, no hay nada raro ni espeluznante aquí, sólo parte de la batalla y algo que debemos tratar. El fruto es que Ana no puede escuchar a Dios. Ciertamente ese no es el fruto del Espíritu.

«Jesús, ¿Cómo oramos acerca de esto?», le pregunté. *Haz que ella rompa el pacto*. Entonces guiamos a Ana en una oración así: «Jesús, prometiste no dejarme ni abandonarme nunca, perdóname por hacer el pacto de tu abandono. Yo renuncio a ese pacto ahora. En tu nombre». Habiendo hecho eso, podíamos traer la obra de Cristo Jesús en contra del espíritu de abandono y en contra de cualquier otro espíritu mentiroso que le haya ocasionado mal a Ana.

¿Y ahora qué? Le pregunté a Cristo en mi corazón. *Invítala a mi curación*. Entonces conduje a Ana en una oración así: «Jesús, me siento tan abandonada por ti. Ven y sana mi corazón en este lugar, entra en este recuerdo, en este momento de mi vida, ven y minístrame aquí». Dejamos transcurrir unos pocos momentos de silencio, permitiendo que Cristo la ministrara.

¿Y ahora qué? Le pregunté a Cristo en mi corazón. *Pregúntale si escucha mi voz.*

Si alguna vez ha manejado por la noche en el invierno, conoce la sensación que le ocurre cuando necesita presionar el freno y espera no estar en ese momento sobre una capa de hielo invisible. Ese momento en el que deja de respirar cuando todo en usted le dice: *Espero que funcione.* Así me sentía. *Señor, las cosas que me pides que haga.* En cualquier oportunidad en la que estamos orando con alguien como en esta, soy muy cuidadoso para no traer más angustia o para darle al enemigo una oportunidad de mostrarle a la persona que no está lista o que no puede hacer algo. Pero Dios me dijo que lo hiciera, entonces dije: «Ana, Jesús quiere que lo escuches ahora. ¿Te gustaría hacerlo?»

Ella asintió, y oramos. «Señor Jesús, ¿Qué le quieres decir a tu amada? ¿Cuál es tu palabra para ella esta noche?»

Yo pensé: *Más vale que aparezcas.* Un gran silencio. Disimuladamente miré a Ana, y ella estaba llorando. «¿Qué escuchas?»

«Me dijo que me ama».

Esa fue la primera vez en treinta años que escuchó que Dios le hablara. Todo debido a un pacto.

Dispóngase a echar un vistazo

Manejo un viejo Toyota Land Cruiser del 78 y me encanta casi todo de él. Es una camioneta simple, sencilla, ningún disparate. No tiene tablero electrónico, ni levanta vidrios, ni sistema de navegación. (Lo que menos necesito es la voz de una mujer que me diga dónde debo doblar: «Doble a la derecha. Tome la salida en un cuarto de milla. Salga ahora».) Me encanta la simplicidad de los autos. De cualquier manera, ayer por la tarde quise moverlo, pero la batería estaba muerta. Las luces de freno tienen una peculiaridad que hace que a veces queden encendidas después de que se apaga el motor, y si no presto atención, agota la batería durante la noche. Los autos viejos se caracterizan por este tipo de peculiaridades. Y así también las personas.

Resolví el problema momentáneamente empujando la camioneta con el otro auto que tenemos, pero sabía que no había manejado lo suficiente para cargar la batería por medio del alternador, sabía que iba a tener que ocuparme de eso esta mañana antes de ir al trabajo. Cuando lo empujamos la noche anterior, me di cuenta de que los terminales de la batería parecían estar corroídos. Pensé: *Tal vez lo único que necesite hacer sea limpiarlos.* La esperanza es lo último que se pierde. Cuando levanté la capota y la dejé abierta, me sorprendió el hecho de que había pasado mucho tiempo desde la última vez que había mirado allí dentro. Tenía un persistente sentimiento: *Ha pasado mucho tiempo desde la última vez que miraste algo aquí abajo.* No es un sentimiento lindo. Es ese sentimiento que surge cuando desatendemos algo y debemos enfrentar lo que sigue a causa de eso. Me ocurre exactamente lo mismo cada vez que veo el hilo dental en el cajón del baño. Bueno… volvamos al tema del Land Cruiser.

La primera cosa que aparece cuando usted mira debajo de la capota de la mayoría de los autos es el radiador, esa cosa con forma de caja negra con una pequeña tapa plateada en la parte de arriba. Allí va el agua y el anticongelante. Con eso se mantiene fresco el auto. Yo pensé: *¿Cuándo fue la última vez que revisé el nivel de agua?* Ni siquiera podía recordarlo. ¿El verano pasado? Al sacar la tapa, no veo ningún fluido. *¡Cielos! Mejor que lo llene.* Busco en el garaje, y encuentro una vieja jarra de Prestone y empiezo a verterla. Esta reserva del radiador es un laberinto de tubos, y uno nunca sabe cuánto fluido es necesario en estos autos viejos hasta que comienza a verterlo. Cuanto más tarda, más tiempo es el que pasó desde la última vez que lo hizo. Entra bastante antes de que eso verde que sale finalmente aparezca casi en el borde.

Mientras estoy enroscando nuevamente la tapa, me pongo a pensar en el aceite. Me atrapa una angustia aun mayor. *¿Cuándo fue la última vez que revisé el aceite?* Tampoco podía recordarlo. Un malestar que se convierte en temor llena mi estómago como si fuera agua helada. Una cosa es olvidarse de llenar el radiador. Si algo anda mal, usted se dará cuenta rápido porque su auto se recalienta y empieza a largar vapor. Pero otra cosa es darse cuenta de que lo fundió con el aceite, ya que eso produce un daño mucho mayor al motor. Como un viejo camello fiel, este Land Cruiser funcionará hasta que se caiga en pedazos. Pero usted no quiere que eso le pase al auto. No quiere darse cuenta de que se olvidó de ponerle aceite cuando ve que el motor se detiene.

Ahora pues, estaba ahí parado sabiendo todo esto, sabiendo que debo chequear el aceite *ahora*, pero había algo en mí que me hacía dudar.

No quería saber.

No quería ir allí.

Sabía que había pasado bastante tiempo. Y no estaba seguro si quería la información que me brindaría la vara para medirlo.

Parado allí mirando el frente de mi auto como un imbécil, inmóvil, estaba bloqueado por el hecho de que en realidad no quería echar un vistazo, y reconocí la sensación. La tengo con mi cuenta bancaria (*¿Cuándo fue la última vez que hice el balance?*) La tengo cuando voy camino al dentista. (*¿Cuándo fue mi último chequeo?*) Tengo esta sensación de hundimiento con cualquier cosa que haya desatendido, especialmente si fue por mucho tiempo.

Casi todos hacemos esto con nuestra vida interior. Algo aparecerá que hará que nos demos cuenta de que ha pasado un largo tiempo (¿Alguna vez en verdad lo hice? ¿Realmente?), desde la última vez que miramos debajo del capó. Una pelea con su esposo o su esposa. Una atracción repentina y muy fuerte hacia la esposa o esposo de alguien más. Miedo ante una presentación laboral. Ansiedad. Depresión. Alguien que simplemente pregunta: «¿Cómo estás?» sentimos una resonancia debajo de la superficie, y no queremos ir allí.

Tuve que echar un vistazo. Esto no podía continuar. Por lo tanto busqué la vara para medir el aceite, la saqué con temor, y suspiré con alivio al ver que, aunque había poco aceite, no era peligroso. Suspiro cuando descubro que no he estado manejando sin aceite por quien sabe cuánto tiempo, y la pileta de agua helada que había en mi estómago desaparece. Encuentro un cuarto de SW30 en el anaquel detrás de las botas de nieve y de las latas de pintura, y lo vierto. Luego me ocupo de la batería.

Pero me tuve que enfrentar con esta parte de mí que es un tanto cobarde, aunque hedonista, y con mi parte de pensador mágico. Esta parte de mí que simplemente no quiere que la perturben, ni siquiera cuando la información me salvará más adelante. Veo las mismas cosas en todos mis amigos. Me refiero a que esto es universal. No queremos echar un vistazo debajo de la capota. No queremos saber lo que necesitamos saber desesperadamente. Esta no es una buena característica. *No* es nuestra amiga.

Con el pasar de los años he aprendido una simple lección: paga ahora o pagarás más adelante. Es cierto en cada área de nuestras vidas. No quiero hacer ejercicio, no quiero pagar el precio. Sólo quiero seguir rodando. Pero termino pagándolo luego cuando estamos en una excursión o nadando en un lago o estoy corriendo de la terminal

A, a la terminal B para no perder el vuelo y entonces me falta el aire y me agarran calambres en el costado. Sé que pagaré aun más en un tiempo lo que tiene que ver con mi salud. No quiero «pagar» en ningún sentido la gratificación retrasada, no quiero privarme de comprar algo que realmente deseo. Por lo tanto pago casi el doble de lo que costó la cena o el iPod o lo que sea al comprarlo con mi tarjeta de crédito y pagar con intereses en cuotas.

Lo hago con las relaciones. No le quiero preguntar a Stasi cómo le está yendo, no quiero el malestar de lo que ella pueda llegar a decir. No quiero dejar de leer el libro que estoy leyendo. Me refiero a que esto podría llevar horas. Así que pospongo el hecho de hacer preguntas para cuando sea algo más importante. No quiero estar en situaciones turbias con un amigo, decirle lo que veo, que es difícil tratar con él, o preguntarle cuáles son sus dificultades. Pero pago más caro cuando terminamos más distantes o hasta pierdo la amistad por completo ya que la distancia es muy difícil de salvar.

¡Cielo santo! Prefiero arriesgarme a cualquier tipo de carie dental que se forme en mi boca antes que tomarme el tiempo para usar el hilo dental, porque (esto lo digo de una forma quejosa y como para que me tengan compasión) «estoy cansado». No me avergüenzo al usar este ejemplo, porque sé que la mayoría de ustedes tampoco usa el hilo dental.

Y esto es lo que ocurre: no queremos ser incomodados.

Si es el nivel de aceite de mi camioneta o una vieja herida que persiste bajo la superficie de mi corazón, no quiero la interrupción que podría llegar a traer. Prefiero evitar todo. Hasta que mi auto se detiene a cien kilómetros de mi casa o me encuentro ante una adicción que sé que está basada en un dolor que no fue sanado.

Señor Jesús, quiero cambiar mi postura acerca de esto. Quiero dejar de evitar la interrupción. Quiero estar dispuesto a echar un vistazo debajo de la capota cuando sea y donde sea que me estés mostrando. Especialmente cuando se trate de cuestiones internas. Me encanta mi viejo Land Cruiser, pero es algo pequeño cuando lo comparo con mi corazón y mi caminar contigo. Te doy mi sí a ti.

Querido amigo, esta puede ser una de las diferencias esenciales entre aquellos que experimentan a Dios y la vida que Él ofrece, y aquellos que no.

Dispóngase a echar un vistazo.

Ahora es el tiempo

Dios nos brinda docenas de estos encuentros cada día, estas oportunidades de ser honestos con lo que nos motiva. Lo que hacemos con todo eso depende de nosotros.

Esta es la forma en la que Él nos honra. Cuando Dios nos hizo a cada uno de nosotros, nos dio una voluntad, y esa hermosa y misteriosa vida interior a la que llamamos alma. Así como a usted le gustaría darle espacio a su hijo o hija que está en crecimiento para que tome decisiones, también Dios retrocede un poco para dejarnos tomar las nuestras. Estos simples momentos de decisión son de gran importancia. Cuando elijo evitar lo que sea que Dios me esté planteando, algo en mí se debilita. Se siente que algo está comprometido. O al menos es un rechazo a madurar. Pero también se siente como un rechazo a acercarnos a Dios. Gracias a Él, lo contrario es cierto. Cuando elijo enfrentar lo que es dudoso, admito que lo he desatendido, o me involucro con mis miedos, algo en mí crece un poco. Me siento fortalecido. La balanza se inclina hacia un caminar más cerca de Dios.

Más allá de lo que hagamos en esos momentos, seamos honestos acerca de una cosa, no es algo que se consigue más tarde. No lo obtenemos más tarde. Simplemente se escapa. Y yo me pregunto: ¿Cuán a menudo nos decimos a nosotros mismos: *Lo conseguiré luego,* sabiendo que nunca ocurrirá, y de esa manera aplacamos nuestra conciencia por ese momento y evitamos el tema, lo dejamos escapar disfrazándolo con un simple «más tarde»?

Entonces, ¿Cómo caminamos con Dios en el día a día, en el momento?

Vamos con Él. En este momento. Como está revelado. Esa es la única forma de tener una relación real con Jesucristo. Yo tuve que aprovechar el momento del porche bajo la lluvia y ocuparme de lo que Dios estaba sacando a la superficie. Hubiera sido fácil ignorarlo. Pero me hubiera perdido lo que Dios estaba haciendo. Tenía que enfrentar la guerra cuando me estaba atacando, ocuparme del enemigo, orar y orar. De lo contrario, hubiera vivido bajo ese malestar por quién sabe cuánto tiempo. Vi una ventana de oportunidades con Ana cuando estábamos cenando, una posibilidad de ofrecerle la vida y el gozo de Cristo. Una parte de mí quería ignorar la oportunidad, ofrecer alguna palabra banal de ánimo, y volver a seguir cenando. Pero habríamos perdido un hermoso avance.

Este es el tiempo, queridos amigos.

Descanse

Esta tarde sopla una brisa fresca y el cielo está nublado. La brisa viene del oeste, y trae paz a mi cara mientras que estoy aquí sentado junto a la mesa de picnic mirando las mesetas. Se huele un aroma distinto en el rancho, el lupino se ha ido y la salvia está tan penetrante como en julio cuando hace calor. Estamos a punto de cambiar de estación. Lo puedo sentir en la tierra. Todo está más tranquilo, en una suerte de «final del verano».

Me encanta este tiempo intermedio. Mis días de director de campamento de verano se han terminado. Nadie me pregunta nada. La apertura de la temporada de tiro con arco comienza el fin de semana que viene. No hay nada que hacer. Las cosas que hice hoy, simplemente las hice porque quería. Corté un poco de madera. Alimenté a los caballos.

Todo está tan tranquilo. Y la verdad es que me encanta. Sin e-mails. Sin llamadas telefónicas. Mi celular no tiene señal aquí. Todas las personas que conozco se encuentran al menos a cuatro horas de distancia. Quizás me haga un sándwich de mantequilla de maní para cenar porque no me siento con ganas de preparar la cena.

Y la mejor parte de la paz y de la quietud es Dios. Simplemente estar aquí sentado y estar con Dios. Sin agenda. Nada contra qué pelear u orar repetidamente. Solamente Dios. Es como si no hubiera más nada. Ni siquiera nada se me acerca. Esto es lo que ofrece el momento. Esto es lo que Dios quiere para hoy. Y gracias a Dios, estoy haciéndolo, al descansar con Él.

Quizás mañana vaya de pesca. Si eso es lo que Dios tiene en mente.

Lo que Dios nos está ofreciendo

Al principio del verano, mi hijo Lucas y yo descubrimos un arroyito. Corre rápido y fuerte a través de las mesetas, rotas por una vieja castora y un ocasional pozo profundo. De tanto en tanto se atenúa en hermosos valles. Pasamos un tiempo maravilloso pescando truchas más grandes de lo que pensé que iba a ver en ese pequeño arroyo. Pero solamente tuvimos tiempo para pescar a lo largo de un kilómetro del arroyo. Desde ese momento he tenido intenciones de regresar y explorar más de lo que ese pequeño tesoro tiene que ofrecer. Noté en el mapa que el riachuelo serpentea lejos del camino antes de que desemboque en el Río Oso, y no existe nada que capte más la imaginación de un pescador que pensar en la posibilidad de ir a aguas vírgenes. Puedo ser el primer hombre que pesque en esa área en años.

Pero me he liberado bastante este verano. Todo empieza a ir más lento dentro de mí. Entonces oro: *Jesús, ¿es hoy un buen día para ir de pesca?, ¿O simplemente debería quedarme aquí tranquilo, pasando el tiempo? Hago silencio y escucho. Me siento bien con cual sea la respuesta. ¿Qué piensas Señor?* Escucho, atento a cualquier otra cosa que quiera decirme. Porque también he aprendido esto: a veces Dios quiere hablarme acerca de algo totalmente distinto a lo que le pregunto. Si no obtengo una respuesta a la pregunta que realicé, quizás necesite hacer otra. Esto le será de mucha ayuda en su aprendizaje a caminar con Dios. Si Él no parece estar respondiendo a la pregunta que usted realizó, deténgase, y pregúntele sobre qué *realmente* quiere Él hablar.

Hoy estoy dispuesto a entregarme. Aun en cuanto a la pesca, que para un adicto que se está recuperando es un buen signo de que Dios está trabajando. Me siento tranquilamente y vuelvo a preguntar. *Jesús, ¿deberíamos ir a pescar? ¿Qué tienes pensado para hoy?*

Escucho: *Pesquen.*

Yo tenía planeado ir de excursión por el Oso hasta su confluencia y allí comenzar a explorar. Pero el cañón del Oso me tomó por sorpresa. Es precioso. El río fluye a través de un bosque de árboles, y algunos de ellos se inclinan hacia el agua, así la luz del sol penetra aquí y allá, salpicando el río con luz y sombra. El río se separa en brazos y luego se vuelve a unir.

Ahora pues, mi plan no era pescar en el Oso, estaba en busca de las aguas vírgenes del riachuelo. Pero cuando llegué a la parte inferior del cañón, y comencé a subir río arriba, me encontré inmediatamente con una parte de aguas verdes transparentes que rogaban que alguien pescara. Era muy tentador. Pesqué una hermosa pieza de treinta centímetros la primera vez que arrojé la caña y cambié de planes. Iba a pescar en el Oso mientras iba andando, no muy en serio, porque mi destino era el riachuelo virgen, pero lo suficiente como para sacar una muestra de la más tentadora migración. El Oso demostró ser el deleite del día. Al tiempo que llegué al riachuelo, ya había pescado media docena de peces sin demasiado esfuerzo. Y ahora que había alcanzado mi objetivo, era obvio que el riachuelo no tenía nada para pescar. Se hunde dentro de una barrera geológica por casi un kilómetro, bajando en forma de cascada con demasiada fuerza como para poder pescar bien. Me decepcioné. El riachuelo era mi objetivo; el río había sido sorteado en una especie de gratificación. O así lo pensé yo.

Después recordé algo que Dios me había estado enseñando este verano, no se trata de lo que no me está dando, sino de lo que sí me *está* dando. Nos podemos encasillar tanto en lo que no tenemos, lo que pensamos que queremos o necesitamos, que nos perdemos los regalos que Dios nos está dando. En realidad, aunque el río había probado ser todo lo que esperaba que fuera: soledad, belleza, peces salvajes y pesca, me enfadé la mitad del camino de regreso porque no había obtenido mi riachuelo.

En junio estaba obsesionado por encontrar cuernos de alce en nuestra finca. Sé que existen hermosos machos que migran en la primavera, cuando los alces pierden sus cuernos, y siendo en mi propiedad privada, sabía que tenía grandes posibilidades de encontrar un cuerno de trofeo tirado entre los numerosos árboles o a lo largo de la cerca. Salí una tarde en busca de cuernos orando: *Padre, sé que me amas. ¿Me ayudarías a encontrar un cuerno de alce?* Mientras iba por el acantilado detrás de la cabaña, intentaba escuchar a Dios y cualquier instrucción que me fuera a dar. Y parecía en ciertas bifurcaciones de la carretera de caza, que algo me guiaba a ir más hacia la derecha que hacia la izquierda o avanzar hacia arriba a través del bosque.

Estaba optimista. Al llegar a la cresta de la colina, tuve que atravesar una arboleda de abetos y allí, delante de mí, había un halcón de cola roja sentado en la cima de un pequeño abeto, de espaldas a mí, balanceándose con el viento. Él no sabía que yo estaba allí, así que me quedé mirándolo más de quince minutos. Cada tanto una ráfaga de viento barría el acantilado y el halcón extendía sus alas para mantenerse bien parado. ¿O sería para mostrarme sus hermosas alas blancas y marrones? De repente, ya estaba en el aire y ya había cruzado el valle. Un regalo hermoso. Yo sabía que era un regalo. Y me tenía que decir a mí mismo: *No pienses en lo que Dios no te está dando, sino en lo que sí te está dando.* No encontré cuernos. Pero hallé un halcón. Él sabe que me encantan. Yo colecciono sus plumas. Dejaría de hacer cualquier cosa con tal de mirarlos. Este era el regalo de hoy. Dios sí me guió, justo donde yo no esperaba que lo hiciera.

Más adelante en julio, estábamos con mi familia haciendo canotaje en el Río Serpiente en el Parque Nacional Teton. Este era un viaje con intención de alegrarnos. Nos encanta ese lugar. Ya era el atardecer, y estaba guiando a mi familia y mis amigos a una parte del río que la mayoría de las personas no ven y en la que raramente reman allí al atardecer. Sabía que estaríamos solos, a la hora en que todos los animales salvajes salen a tomar agua. Esperaba poder ver alces machos y hembras, y quién sabe que más. Alguna vez habíamos visto osos también. La tarde no podía ser más hermosa. Mientras nos deslizamos en la orilla, esperando que los animales aparecieran, el tiempo se fue volando. Podía haber sido el 1800. Podía haber sido el 1600. Estábamos completamente solos en el río silencioso, al ocaso, pero yo sabía que estábamos expuestos a un tratamiento de Dios.

Pasamos por la guarida de alguna nutria de río que habíamos visto el año pasado. Y no había nada. Pasamos por la isla en la que los alces siempre están dando vueltas. Tampoco. Solamente un castor o a lo sumo dos. Frustrado, hice que el grupo remara un kilómetro más hasta un canal donde sabía que debía haber alces. Pero no había ni uno. El sol se puso detrás del Monte Morán, y todos estaban disfrutando una espectacular puesta del sol sobre las nubes. Pero yo me perdí todo eso, porque estaba muy desilusionado por no haber visto vida salvaje. Estaba totalmente enfocado en lo que Dios *no* me estaba dando, y me perdí lo que *sí* me estaba dando. Sólo después, mirando las fotos que tomó Blaine, vi todo lo que me había perdido. La puesta del sol era realmente impresionante. Los duraznos, las violetas y las rosas se reflejaban en el río sobre la silueta negra de las montañas. Me lo perdí, casi me perdí todo el Río Oso hoy.

Padre, perdóname. Perdona mi postura demandante de que la vida tiene que ser como yo digo. Oh, Señor, ¿Cuántos regalos me he perdido? Perdóname. Mi actitud es desagradable y mezquina. Oro por una actitud más agradable, oro para ser agradecido y receptivo a lo que me das en todo momento. Oro para ser tu hijo.

Acerca del alce y Elías

La única cosa que es peor que tener frío, es tener frío y estar mojado.

El día de apertura de la temporada de tiro con arco de alces comienza a fines de agosto aquí en Colorado. Es un día que esperamos todo el año. En junio y en julio comenzamos a prepararnos, juntando todo nuestro equipo, empacando y embalando, hablando acerca de nuestros planes para la mañana de apertura. Docenas de veces. (A menudo la mayor alegría de una aventura se da en el tiempo previo a que ocurra lo esperado.) Fuimos al rancho algunos días antes del fin de semana de apertura para explorar y buscar alces, pues como chicos que están por terminar las clases e irse de vacaciones, no estábamos en forma para ninguna otra cosa, así que se nos ocurrió que ya podíamos salir. Nuestra esperanza estaba echada este año, íbamos a encontrar una buena cantidad de alces, sabíamos dónde estaban y cómo llegar a ellos. Eso iba a ser genial.

Me desperté la mañana de apertura con el ruido de la lluvia que caía sobre el techo de la cabaña. Mucha lluvia. Comenzó a eso de las cuatro de la mañana y no había cesado. Si nos miraba a los cuatro sentados alrededor mientras comenzaba a amanecer habría pensado que estaba lloviendo dentro de la casa. Nos veíamos tan lamentables, como perros encerrados en la perrera cuando la familia vuelve a su casa sin ellos. Yo pensaba: *Ladrón*. El ladrón de la alegría. Se suponía que debíamos estar allá en la montaña ahora en posición para la mañana de apertura, la mejor oportunidad de la temporada. Así que comenzamos a orar para que se mejorara el clima.

Silencio. Una de mis historias favoritas del Antiguo Testamento es en la que Elías ora para que caiga la lluvia. (Sí, sé que había lluvia en ese momento, mucha lluvia. Lo que necesitábamos era que no lloviera. Pero quédese conmigo. Funciona.)

> Elías subió a la cumbre del Carmelo, se inclinó hasta el suelo y puso el rostro entre las rodillas. —Ve y mira hacia el mar —le ordenó a su criado.
>
> El criado fue y miró, y dijo: —No se ve nada.
>
> Siete veces le ordenó Elías que fuera a ver, y la séptima vez el criado le informó:—Desde el mar viene subiendo una nube. Es tan pequeña como una mano.
>
> Entonces Elías le ordenó: —Ve y dile a Acab: «Engancha el carro y vete antes de que la lluvia te detenga». Las nubes fueron oscureciendo el cielo; luego se levantó el viento y se desató una fuerte lluvia. (1 Reyes 18.42-45)

Me encanta que Elías siguió mandando a su criado para que echara un vistazo. ¿Está funcionando? Me encanta que a ese gran hombre le llevó siete vueltas de oración para que ocurriera. Esta historia es tan cierta. Y ahora para el pensamiento salvaje: Santiago dice que nosotros también lo podemos hacer. Llegando al final de su epístola, Santiago nos está tratando de animar a orar y creer lo que oramos. Luego del conocido pasaje: «La oración del justo es poderosa y eficaz», Santiago habla acerca de esta historia como ejemplo: «Elías era un hombre con debilidades como las nuestras. Con fervor oró que no lloviera, y no llovió sobre la tierra durante tres años y medio. Volvió a orar, y el cielo dio su lluvia y la tierra produjo sus frutos» (5.16-18).

Ahora pues, ¿Por qué Santiago aclaró que Elías «era un hombre con debilidades como las nuestras»?

Por eso es que decimos: *Nunca podré hacer eso*. Por esa teología que dice: «Esas historias son excepciones». Ese tipo de pensamientos paraliza la fe. Aniquila nuestra vida de oración. ¿Por qué tenemos los ejemplos del poder de la oración con los hombres de Dios si en realidad nuestra oración no consigue nada? Santiago menciona que Elías era igual que usted y que yo. Y eso no tiene excepción. Eso quiere decir que usted puede orar y hacer eso también.

Ahora pues, recuerde, ¿Cuántas veces tuvo que insistir Elías? ¿Vio resultados en la primera vuelta? ¿En la segunda? ¿En la tercera?

Muchas veces nuestra oración es débil y pequeña como lo que sigue: «Jesús, te pido que estés con nosotros». Él está con usted. Siempre. O también oramos: «Señor danos un buen día hoy». Y eso es todo. Una vuelta y nos detenemos. Y después estamos desanimados cuando pareciera que nuestra oración no hace nada. Sería más certero hacer oraciones tipo *eso* no funciona. Comience a orar como Elías, y tal vez vea algunos resultados.

(Visite www.walkingwithgod.net)

Así que aquí estoy de pie, paseando alrededor de la pequeña habitación en la que estamos, y estoy orando para que se aclare el clima. Sigo mirando a través de la ventana, como el criado de Elías, no para ver una nube sino un claro en el cielo. No hay ninguno, por lo tanto seguimos orando. Ahora pues, no sé de dónde está viniendo ese clima. No sé si Dios no tiene algo preparado con eso para nosotros. No sé si mi oración ayudará a que mejore el clima. Sólo sé que algo que significa mucho para nosotros, está siendo robado.

Que alguien se robe la alegría, siempre debería encender nuestra alarma. También sé que a Dios le agrada cuando damos un paso de fe. Yo sabía que Él podía ordenar mis oraciones y usarlas de la forma en la que quisiera. También sabía que no me iba a quedar ahí sentado sin hacer nada. Así que oré, y mucho.

Me encantaría decir que Blaine miró hacia el mar y vio un claro en el cielo del tamaño de la mano de un hombre, pero no ocurrió así. Sin embargo, también sé que después de veinte minutos la lluvia comenzó a detenerse un poco, y decidimos salir. Más allá del clima, tomamos nuestro equipo, nos separamos en parejas, y comenzamos a implementar lo planeado.

Pero esta no es una historia acerca de nuestra fe. En realidad, se trata de nuestra notable capacidad de incredulidad.

Ahora estamos acurrucados bajo las ramas de un árbol, arriba en la montaña, intentando cubrirnos de la lluvia. Perdimos todas nuestras esperanzas de encontrar alces. No hay uno. Al menos en esta montaña. Nunca ha habido. ¿Para qué llevamos arcos? Todo lo que hay está frío. Y mojado. La tierra está fría y mojada. Los pastos altos están fríos y mojados. Nosotros estamos fríos y mojados. Todo el mundo está frío y mojado. Sí, vimos alces. Nos cruzamos con tres manadas cuando volvíamos a este punto. Hace una hora hubo alces antes y detrás de nosotros. Pero ahora, no hay alces. Nunca hubo. Nunca habrá. Todo lo que hay está frío y mojado.

Y luego sale el sol. Seguro que no me cree.

Nos regocijamos. Salimos de debajo de las ramas del árbol, y decidimos volver al barranco que está debajo de nosotros, creyendo que si hay algún alce en la región, saldrá de allí. Ahora el sol nos está pegando fuerte, y nos empezamos a acalorar y a desabrigar mientras vamos en camino. Cuando llegamos a la base de la montaña, tenemos calor. Toda la miseria de la mañana se ha ido. El mundo se llenó de luz del sol. ¿Teníamos frío? ¿Qué es el frío? No lo recuerdo. No hay más lluvia. Nunca hubo. Ahora sólo hace calor. Y tengo sed.

También estoy asombrado con mi inestabilidad, el hecho de entender que sólo porque no puedo ver algo en este preciso momento, no quiere decir que ya no existe. Usted no puede ver las estrellas durante el día. Desaparecen de la vista. Pero no se han ido a ningún lado. Todavía se encuentran ahí. Los alces todavía están en algún lado en la montaña. ¿Por qué me fastidio tan rápidamente? Sé que hago esto con Dios. Cuando su luz brilla sobre mí, y me habla, estoy ahí. *Creo.* Pero cuando sobreviene una nube, miedo, duda o algún suceso desagradable, el sol se ha ido. Mi fe se ha ido.

Señor Jesús, perdóname. Cuán inconstante te debo parecer. Cuánto me dejo influenciar completamente por lo que parece real en un momento determinado. Perdóname. Sana esto en mí.

Me da cierto consuelo la historia de Elías. Antes de orar por lluvia, pidió fuego del cielo y murieron a espada 450 profetas de Baal. No había llovido por tres años, hasta la tarde en que pidió en reiteradas ocasiones. Luego huyó de sus enemigos arriesgando su vida. Dios lo encontró en una montaña con un ánimo de completa incredulidad.

—¿Qué haces aquí, Elías? —le preguntó.

—Me consume mi amor por ti, SEÑOR Dios Todopoderoso —respondió él—. Los israelitas han rechazado tu pacto, han derribado tus altares, y a tus profetas los han matado a filo de espada. Yo soy el único que ha quedado con vida, ¡y ahora quieren matarme a mí también! (1 Reyes 19.9-10)

Todo estaba perdido. No caía fuego del cielo. No había lluvia. No había más nada.

Después de todo, quizás no seamos tan distintos.

«*Mi amor*»

Bastante seguido, cuando comienzo mi día y mi semana, vuelvo mi corazón y mis pensamientos hacia Dios simplemente para preguntarle: *¿Qué estás diciendo Señor?* Es como una forma de registrarme con Él, dándole la oportunidad de hablar acerca de lo que está pasando, o para decir lo que sea que necesita decirme. Manejando, sentado en una reunión, sacando la basura a la calle, le pregunto: *¿Qué estás diciendo Señor?* Simplemente me estoy registrando. Pablo dice: «Si el Espíritu nos da vida, andemos guiados por el Espíritu» (Gálatas 5.25). Supongo que este es mi intento por mantenerme a su lado.

Por lo menos durante los últimos dos meses, lo que Dios me ha estado diciendo es *Mi amor*. Cada vez que me detenía a escuchar, escuchaba *Mi amor*. Una y otra vez, *Mi amor*. Y me preguntaba por qué. Cuando hay tantas cosas que ocurren en el mundo y en mi vida, tantas cosas que sé que necesito de Él, aun así, me dice *Mi amor*.

No he sabido qué hacer con eso. Al principio era un consuelo. Era algo lindo de escuchar. Mi corazón se enternecía y decía: *Sí, tu amor. Gracias por tu amor.* Pero luego de varias semanas de lo mismo, estamos hablando de meses ahora, me comenzó a obsesionar. *¿Eso es? ¿Siempre lo mismo? ¿Tu amor? ¿Qué, soy un tonto o algo parecido? ¿Estoy escuchando bien? ¿Por qué me estás diciendo lo mismo una y otra vez?*

Hasta que llegué a esa etapa, las palabras de Dios comenzaron a ser una excelente fuente de consuelo y orientación. Me han traído una y otra vez de vuelta a su amor. *Correcto. Esto es acerca de tu amor.* Pero para ser honesto, todavía me parece que no lo entiendo. Dios está repitiendo esto por alguna razón. Eso sí lo entiendo. Pero no estoy totalmente seguro del porqué. Parece que está en búsqueda de algo.

otoño
invierno
primavera
verano

Una temporada de crisis y lucha,
pero luego vendrá el progreso y el descubrimiento

El accidente

Cuando desperté, estaba tirado boca abajo envuelto en sangre.

Escuchaba que alguien hablaba. Después de un rato, reconocí la voz. Stasi me estaba preguntando: «¿Te encuentras bien?»

¿Si me encuentro bien? «Mi nariz está rota», dije. «Y creo que mi muñeca derecha también. Y ni te digo cómo está la izquierda». Estaba haciendo el inventario que el cerebro generalmente hace cuando uno está herido. *Puedo mover mis piernas. Y mis brazos. Mi cabeza me duele, pero creo que está bien. Mi nariz definitivamente está quebrada. Me duele mucho. Y hay algo que no está bien con respecto a mis muñecas. Me debo haber arrojado.*

Era el fin de semana del día del trabajo. Mis hijos estaban en el bosque armando una casa en un árbol, así que con Stasi decidimos dar un paseo. Nos estábamos dirigiendo a un atractivo camino de álamos, aunque bastante angosto, cuando mi caballo comenzó a actuar como si estuviera asustado. Me detuve y le di una palmada en el cuello. «Todo está bien, amigo». En ese camino había bastante leña vieja, y a veces a los caballos no les gusta atravesar eso. Así que, tal como había hecho algunas otras veces el mes pasado, me quedé ahí dándole tiempo a S'mores para que entendiera lo que estaba pasando, que viera con sus propios ojos que no había nada ni nadie que lo esperaba para atraparlo. Cada vez que vinimos a este lugar, se había calmado y habíamos seguido adelante.

Pero hoy no fue así.

S'mores se asustó, giró sobre su cola, y despegó como si fuera un cohete. Es un caballo grande (más de dieciséis manos) con patas largas, y déjeme decirle que íbamos bastante rápido. El caballo de Stasi hizo lo mismo. Comencé a salirme de la silla de montar cuando dio el primer giro, recuperé el estribo y pensé: *Quizás lo logre.* Primero intenté que disminuyera la velocidad, pero lo único que sé después de eso, es que me desperté boca abajo en un charco de sangre. El caballo también tiró a Stasi. Tenía moretones, pero no estaba grave. Yo estaba destruido. Pero tanta adrenalina estaba aplacando el dolor de mi cuerpo tan herido, no me daba cuenta de todo el malestar que tenía.

No teníamos idea de dónde estaba la sala de emergencia más cercana, y yo no estaba seguro de tener que ir. Stasi comenzó a llamar a los vecinos. *¿Debería ir?* Pregunto. No quiero ir. Odio los hospitales. Odio necesitar ayuda. Después de todo es capaz que no sea tan serio.

Ve, dijo Dios. Y estuvo bien que así lo hiciera. La nariz rota no era tan preocupante. Tampoco la fractura de mi mano izquierda. Pero mi muñeca derecha estaba dislocada, y nos estábamos por dar cuenta de que era una herida bastante grave, que requería cirugía.

Iba a estar nueve semanas usando un yeso. Y de esas semanas, seis iba a tener que usar yeso también en mi mano izquierda. Eso iba a cambiarlo todo.

Ahora pues, ya sé lo que usted está pensando: *¿Le preguntó a Dios acerca de este paseo? ¿Es esa la lección de la historia?*

En realidad no me acuerdo si le preguntamos. Luché bastante, tratando de entender lo que había ocurrido esa mañana. Sé que en la oración que hice esa mañana oré en contra del ladrón de la alegría. Nunca había hecho eso antes. Eso es sospechoso. Sé que hubo mucha guerra espiritual en el rancho ese fin de semana. Creo que le debemos haber preguntado a Dios acerca del paseo, pero también sé que no le preguntamos *por dónde* debíamos pasear.

Hago una pausa. De paso le digo, que esa es una parte muy importante de escuchar a Dios. Haga la pregunta *siguiente*. Tantas veces obtenemos la respuesta a la primera parte de la pregunta pero fallamos al preguntar la segunda parte. Escuchamos: *Sí, acepta el trabajo,* o *sí, vende la casa.* Pero después de eso debemos preguntar: *¿Cuándo? ¿Hoy, la semana que viene?* No se quede con la primera impresión y después siga adelante. Hubiera sido bueno que le preguntáramos: *¿Por dónde deberíamos andar?*

Pero ya es tarde. Y usted se puede romper la cabeza con este tipo de cosas, pero no resolverá nada más que quedarse preocupado o confundido. Cuando hablamos de crisis o sucesos que realmente nos preocupan, he aprendido esto: usted puede tenerlo a Dios o puede tener entendimiento. A veces puede tener las dos cosas. Pero si usted *insiste* en tratar de entender, suele pasar que no lo logra. Y eso puede crear distancia entre usted y Dios, porque usted está preocupado y demanda una explicación para entender, pero la explicación no llega, entonces usted se aleja un poco de Dios y pierde la gracia que le *está* dando. Él no explica todo. Pero siempre se da a nosotros.

Aparte, esto ocurrió. Ahora estoy todo lastimado. Si existe una lección para aprender de lo que me ocurrió, confío en que Dios la revelará a Su tiempo. Lo que estoy observando ahora es lo que vendrá. ¿Qué haré con esto? ¿Cómo caminaré con Dios ahora?

Por ahora, soy consciente de cuán movilizado estoy por lo que ocurrió. Me doy cuenta de que mi vida va a cambiar radicalmente por algún tiempo. Se me rompe el corazón al darme cuenta de la pérdida que traerá esto. Me perdí la temporada de tiro con arco, todo ese tiempo que iba a pasar con Blaine y los muchachos. No puedo atar mis cordones, mucho menos voy a poder empuñar un arco. Con Sam hemos estado rearmando su primer auto, y ahora eso se pospondrá por quién sabe cuanto tiempo. No podré ayudarlo. *Realmente* quiero que Dios me sane. Y soy muy consciente de lo poco que quiero estar en una situación de necesidad.

Todo mi enfoque de la vida se basa en ser duro, no necesitar nada, abrirse camino. Detestaba tener que usar esa bata de hospital, esa que no cubre del todo la parte de atrás. Insistía en que Stasi me pusiera las botas cuando ya nos teníamos que ir. Mientras volvíamos a casa de la sala de emergencia en Steamboat Springs, mi teléfono celular comenzó a sonar. Stasi había llamado a algunos amigos de camino al hospital para pedir oración. Habló y los amigos comenzaron a aparecer. Me sorprendió completamente el grado de amor y preocupación. Y me di cuenta de algo.

Me cuesta *mucho* ser amado.

Es difícil aceptar una reorientación fundamental del enfoque que le dimos a nuestra vida. Las formas viejas están tan instauradas en nuestra personalidad, tan instauradas en nuestras suposiciones centrales, tan arraigadas en nuestras heridas y en lo que ha funcionado para nosotros con el pasar de los años. Y no hay nada como una crisis para exponer todo eso. Tanto tiempo ha venido funcionando nuestra forma antigua, que no estamos dispuestos a echarle un vistazo. Y mucho menos dejarla. Pero luego ocurre algo como esto. Ahora me encuentro de espaldas en un rincón. Esta interrupción será mucho más que algo físico. Más allá de lo que venga con esto, quiero ser transformado. Después de todo, el amor es bastante importante en la vida. No creo que sea una buena idea perderse de conocer el amor.

No puedo manejar. No puedo abrir una puerta. Abrir una botella de jugo me resulta imposible. Así también cortar un bife. ¡Dios mío! Voy a necesitar ayuda en *todo*. Ni siquiera puedo abrocharme un botón. Más allá de lo que me está ocurriendo, este accidente está frustrando todo mi enfoque de la vida. Lo veo ahora. Mi enfoque se basa fundamentalmente en el ataque. Esa es la forma en la que vivo. Yo ataco a la vida. Me levanto por la mañana y ataco el día. No importa lo que tenga que hacer, las preocupaciones que tenga, los miedos que estén dentro de mí, ataco.

Pero esa no es la vida que quiero vivir. Entonces oro: *Vuelvo a tu amor. Tú me dijiste, Mi amor. Quiero una vida que esté basada en tu amor. Basada y arraigada en tu amor.*

Es difícil decir con suficiente claridad o con suficiente fuerza cuán importante es esta revelación. Palabras como *cambio de paradigma* o *epifanía* no lo aclaran. Mientras volvíamos del hospital por la autopista, estando estirado en la parte trasera de la camioneta, oraba: *Dios, te doy permiso para que rehagas mi personalidad basada en tu amor.*

¿Dios?

Realmente estoy luchando con esto.

Sé que Dios me ama. ¿Por qué simplemente no podría hacer esto por mí?

Tan pronto como llegué después del accidente, unos amigos vinieron para orar. Oramos por sanidad. Fervientemente. Seriamente. Durante los días siguientes oramos por sanidad. Verá, en la sala de emergencias llamaron a un especialista de manos y logró arreglar la dislocación. Pero ahora necesito ser operado. Y realmente no quiero operarme. Quiero que Dios me sane. Confío en que lo puede hacer. Creo que querría hacerlo.

Pero no ocurrió. Mañana me operarán.

¿Acaso la Iglesia no tiene poder? ¿Tanta gente orando no puede lograr esto? ¿Por qué razón? *¿Por qué no podemos sanar, Jesús?*

Estoy realmente contrariado. He perdido la temporada de tiro con arco. Perdí la alegría de cazar este año. No puedo ayudar a Sam con su auto. Simplemente estoy muy, muy contrariado. Quería que Dios se mostrara, no sólo por mi ánimo, sino por el ánimo de mis hijos, de mi esposa, y de tantas otras personas. Mi sanidad habría sido de gran aliento para su fe.

¿Qué debo hacer con esto Jesús? Sé que hay mucha gente más lastimada que yo. Pero sin embargo, te pedí sanidad. Jesús, necesito tu ayuda en esto. Consuela mi corazón por esto.

Y en todo momento, en medio de la lucha, sé que debo tener mucho cuidado. Este es el momento vulnerable. Este es el momento en que los pactos parecen razonables, ineludibles. Debemos tener cuidado con nuestros corazones en este mismo momento, cuando estamos luchando profundamente. Sé que no puedo dejar mi corazón abierto a nada. «Por sobre todas las cosas cuida tu corazón, porque de él mana la vida» (Proverbios 4.23). El espíritu del pasaje es este: debe tener mucho cuidado con lo que hace con su corazón. Y con lo que deja que entre a su corazón. En medio de la lucha, sé que no puedo hacer pactos con nada. No debo estar desmotivado. No debe venir la incredulidad. No debo dejarme de esforzar. No debo resignarme.

Sería tan fácil hacer un pacto sutil en mi interior como este: *¿Para qué me voy a molestar? La oración no hace nada.* No quiero llegar a ese punto. No sé todo lo que está haciendo Dios o por qué a veces nuestra oración parece no tener poder, pero sí sé algo, el único lugar seguro para mi corazón es Dios. Entendiendo o no, allí es donde debo permanecer. He pasado a través de muchas cosas difíciles para saber que al fin hay luz del otro lado. Mientras tanto, sé que podemos guiar nuestros corazones. Debemos hacerlo.

Sin pactos.

(Visite www.walkingwithgod.net)

Hasta que Dios se convierta en nuestro todo

«¿Cómo entendemos mejor la vida?»

Me encontré con una joven mujer un día que hablaba acerca de momentos difíciles en su vida. Yo todavía no entiendo ni mi accidente ni el hecho de que mis dos brazos ahora están enyesados. Pero la vida continúa, y yo tenía que ir a trabajar. Así que estaba reunido con esa joven mujer que estaba bastante angustiada, cuando me preguntó cuál pensaba que era la forma más real de mirar la vida. «Mi esposo cree que la vida simplemente es difícil. Yo siento que es un poco al azar. No servimos el uno para el otro en este momento. ¿Qué piensas?» Oh, cuán oportuno es Dios. De repente me doy cuenta de que hay Alguien más en esta habitación. Hay una expectativa elocuente en el aire. ¿Qué iba a decir? ¿Qué es lo que creo?

«Dios quiere que seamos felices», dije. Pero Él sabe que no podemos ser realmente felices hasta que seamos completamente suyos y hasta que Él sea nuestro todo. Y el proceso de ser destetado es difícil. Más allá de que estaba jugando el papel de consejero en ese momento, estaba sintiendo que Dios había arreglado ese encuentro para mí.

«Lo doloroso de nuestras vidas ocurre en gran parte por Su proceso de destetar. Le abrimos nuestro corazón a tantas cosas que no son Dios. Buscamos en tantas otras cosas la vida. Yo sé que lo hago. Especialmente los regalos que Él mismo nos da, se convierten en más importantes para nosotros que Él mismo. Esa no es la manera en la que debería ser. Mientras que nuestra vida esté atada a las cosas que podemos perder, somos vulnerables».

Esta verdad es central para la condición humana y para entender lo que Dios está haciendo en nuestras vidas. Nosotros realmente creemos que la primera razón de ser de Dios es hacernos felices, darnos una buena vida. No se nos ocurre que nuestro pensamiento es hacia atrás. Ni siquiera se nos ocurre que como Dios debería ser nuestro todo, hasta que se transforma en nuestro todo, somos infrahumanos. El primer y gran mandamiento es amar a Dios con todo nuestro ser. Aun así, es extraño encontrar a alguien entregado completamente a Dios. Y es tan común estar rodeado de personas que están intentando hacer que la vida funcione. Pensamos que los pocos que dejan todo por Dios son medio extraños. Al resto del mundo, los que intentan hacer que la vida funcione, nos parece totalmente normal.

Después del accidente, estaba muy desilusionado de que de repente la vida estaba más allá de mi entendimiento. Literalmente. El pronóstico para los próximos meses se veía deprimente. Pero, ¿alguna vez me siento así de contrariado cuando Dios parece estar distante, cuando parece que no lo estoy entendiendo? ¿Qué ocurre con nosotros? Estoy un poco asombrado por esa propensión que veo en mí mismo, y en cada persona que conozco, esa inclinación rebelde a ver el mundo de una sola forma: como una oportunidad de vivir una pequeña vida feliz.

Ahora bien, no me malinterprete. Hay mucho en el mundo que es bueno y hermoso aunque esté caído. Y hay tantas cosas buenas en la vida que Dios nos da. Como dijo Pablo, Dios nos ha provisto en abundancia para que lo disfrutemos (1 Timoteo 6.17). En Eclesiastés, Salomón escribió que disfrutar de la comida y de los afanes proviene de Dios (2.24). Fuimos creados para disfrutar la vida. Pero terminamos venerando el regalo en vez de a Aquel que nos lo da. Buscamos la vida y vemos a Dios como nuestro asistente en el intento de búsqueda. Estamos mucho más molestos cuando las cosas van mal que cuando no estamos cerca de Dios.

Entonces, de vez en cuando, y a veces muy insistentemente, Dios debe interrumpir nuestras vidas *para que* dejemos de aferrarnos a ella aquí y ahora. Y casi siempre por medio del dolor. Dios nos está pidiendo que soltemos las cosas que amamos y a las que le hemos dado nuestro corazón, para que podamos brindarle nuestros corazones completamente a Él. Él nos frustra en nuestro intento por hacer que la vida funcione para que nuestro esfuerzo falle, y debemos enfrentar el hecho de que no buscamos a Dios de por vida. Generalmente, nuestra primera reacción es enojarnos con Él, que sólo sirve para lograr el propósito. ¿Usted no escucha a la gente decir: «¿Por qué

Dios permitió que esto ocurriera?» Mucho más de lo que los escucha decir: «¿Por qué no me entrego por completo a Dios?»

Vemos a Dios como un medio para el fin más que el fin en sí. Vemos a Dios como el asistente de nuestras vidas en vez de verlo como nuestra vida. No vemos que en el proceso de nuestra vida debemos estar en el lugar donde somos completamente suyos y Él es nuestro todo. Entonces nos sorprende el curso de los acontecimientos.

Esto no quiere decir que Dios no nos quiera ver felices. Eso es lo que desea. Sólo que sabe que hasta que no seamos santos, no podemos ser verdaderamente felices. Mientras que Dios no se convierta en nuestro todo, y nosotros no seamos completamente suyos, continuaremos haciendo ídolos de las cosas buenas que nos da. Somos como niños que arman una escena porque no pueden mirar la televisión o tener un juguete. En ese momento, no le importa mucho que su madre lo adore. Su mundo no está bien. Él no ve que su corazón no se encuentra en el lugar correcto. Él necesita el amor de su madre y el consuelo, mucho más que las cosas que idolatra.

Más allá de la razón de nuestro sufrimiento actual, podemos saber esto: «El Señor tu Dios te estará probando para saber si lo amas con todo el corazón y con toda el alma» (Deuteronomio 13.3). Estamos tan dedicados a quedarnos con una pequeña vida feliz, que Dios tiene que frustrarnos para traernos de vuelta a Él. Es como una purga periódica, supongo. Como una limpieza para el alma. Tengo que ceder no solamente mis expectativas para este otoño, sino también mi enfoque básico de la vida. De todos los exámenes, este es uno que no quiero fallar.

Ahora pues, no estoy sugiriendo que Dios cause todo el dolor de nuestras vidas. No creo que me haya empujado del caballo para lograr su propósito. De hecho, creo que me salvó la vida. Pero el dolor viene,

¿Y qué haremos con él? ¿Qué está mostrando? ¿Qué estará planeando Dios? ¿Cómo irá a redimir mi dolor? Esas son preguntas que vale la pena preguntar.

No desperdicie su dolor.

Déle lugar a Dios

Luego del accidente sentí que Dios quería que dejara de tomar alcohol.

Ahora bien, no es que tome demasiado. Tomo un trago de vez en cuando. Y detesto la sensación de estar borracho, así que nunca tomo en exceso. Pero muchos de ustedes están pensando: *Una gota es más de lo que al buen Señor le gustaría que tomemos.* Pero entonces, ¿por qué Jesús convirtió agua en vino cuando la reserva se había agotado en un casamiento? ¿Por qué tenía que proveer entre 120 y 180 galones de vino? Y muy buen vino en ese tiempo. El acto en sí era de aprobación, de celebración. Dejemos que la fiesta continúe. Entonces entendamos esto, la Biblia no condena tomar. Emborracharse sí. Pero tomar no.

Sin embargo, sentí que era algo que no debía hacer.

Hace algún tiempo este año, me di cuenta de que estaba tomando muy seguido, o más precisamente, tomando por razones de dificultad. Llegaba a casa, exhausto y desgastado del día de trabajo, y tomaba un vaso de vino o una cerveza como una especie de refugio o alivio, una forma de encontrar un poco de paz. Algunas personas lo hacen con la comida. O la televisión. Para mí era el alcohol. Y eso no es bueno. Comencé a verlo como una forma de alcanzar la alegría, alegría en una botella, alegría a mi entender. Esto no pronostica un buen futuro.

Entonces Dios me dio un poco de gracia para que lo dejara. Para que le diera lugar en mi vida a Él. Fue así de simple. Noté que cuando llegaba a casa, ansioso y cansado, nunca apartaba un momento para estar con Dios y nunca le pedía Su consuelo, para que Él fuera mi refugio y mi paz. Decidí intentarlo.

Entonces, algo que he disfrutado a través de los años, ahora se ha ido. Y no tengo idea si volverá o cuándo será. Lo que noto es que hay como una amplitud en mi alma por la tarde. Un lugar para Dios.

Una vida santificada

«Permanezcan en mí, y yo permaneceré en ustedes» (Juan 15.4). Parece un mandamiento simple. Y aun así lo pasamos por alto.

Si Jesús nos tiene que decir que permanezcamos en Él, entonces parece que asume que es bastante probable que *no* permanezcamos en Él. De hecho, la vida común es la que vivimos apartados de Él. Y ese es un lugar peligroso para vivir. No podemos disfrutar el compañerismo de Dios, ni Su protección, ni todos los beneficios de Su reino, a menos que permanezcamos en Él, eso es vivir en Él, en nuestra vida de todos los días. La vid y los pámpanos, el Pastor y sus ovejas. Jesús está diciendo: *Quédate cerca. Quédate conmigo.* Un santo anciano me dijo hace algunos años que al demonio no le importan demasiado las cosas pequeñas en las que nos hace caer como víctimas. Su primer propósito es simplemente hacernos hacer algo fuera de Cristo, para que de esa manera seamos vulnerables.

Yo quiero dos cosas que son mutuamente opuestas, quiero vivir una pequeña vida agradable y quiero jugar un papel importante en el reino de Dios. Y las veces en las que intento vivir una pequeña vida agradable, tomo decisiones o elecciones que sutilmente hacen que viva fuera de Jesús. El Pastor se dirige a una dirección y yo hacia otra. No hacia un pecado escandaloso, ya que eso es muy fácil de reconocer. Por el contrario, simplemente me desvío buscando los pastos que más estimo. Ni siquiera se me ocurre consultarle a Dios primero.

Sí, me pregunto cuánto tuvo que ver esto con mi accidente.

Oramos por los caballos cada vez que paseamos, poniéndolos bajo la autoridad de Cristo Jesús y bajo el reino de Dios. Atamos el miedo y la rebelión y traemos la paz de Dios sobre ellos. Y esa mañana habíamos orado. Pero a veces mientras estoy orando, me doy cuenta de que no funciona del todo. Siento que todavía no se ha logrado o que no ha sido completamente efectivo. Después de todo, ni el mismo Elías lo logró la primera vez. Todo esto significa que debemos orar un poco más. Hágalo nuevamente. Siete veces si es necesario. Pero a veces ya no quiero orar más. Simplemente quiero seguir con mis cosas. Así me sentí la mañana del accidente. Era un día soleado y estaba cansado de orar. Sólo quería ir a dar un paseo como cualquier persona normal.

Un modo de pensar muy peligroso.

Como cristianos no vivimos una vida «normal», y aceptar ese hecho en todos los detalles de nuestra vida es lo que nos permite permanecer en Jesús. Recuerdo que un amigo admitió algo parecido acerca de sus vacaciones familiares: «No quiero preguntarle a Dios si deberíamos ir a Hawai este año. Simplemente quiero ir». Así se puede ver cómo el choque de nuestro deseo de vivir una breve vida alegre y nuestra necesidad de permanecer en Jesús puede traer una santificación de nuestra voluntad, donde todas las cosas están realmente sujetas a Cristo.

Pero debemos ser honestos con algo: una parte de nosotros en realidad no *quiere* escuchar lo que Dios tiene que decirnos.

Realmente. Aun, luego de años de rescates, sorpresas y bendiciones tras bendiciones de parte de Dios, hay una parte de mí que se irrita cuando alguien dice: «Preguntémosle a Dios». El acto en sí es una interrupción. A veces se siente como si te estuvieran molestando. ¿Detenerme? ¿Ahora? Preguntarle a Dios. Estoy molesto. Es parte de eso. Y la otra parte es que, si escuchamos algo, debemos obedecer.

Estaba leyendo la historia de Josué y de repente me paró en seco. ¡Dios mío! Los israelitas recibieron instrucciones específicas de parte de Dios durante todo el camino hacia la batalla de Jericó, cuándo cruzar el río, cómo cruzarlo, cuándo tomar Jericó, cómo tomar Jericó. ¡Y funcionó! *Funcionó.* Usted pensará que habrían sido convencidos. Esta es la forma de seguir a Dios. Pero llega el día siguiente y aquí están, listos para tomar la segunda ciudad. Y, ¿sabe qué? ¡Ellos no preguntan! No es que no hacen la segunda pregunta, ni siquiera formulan la primera. Simplemente siguen adelante. Y pagan por eso. Muchísimo.

Sé algo acerca de eso. No pregunto porque no quiero saber. Si sé lo que piensa Dios, entonces me enfrento con la decisión de seguir su consejo o no. Lo que inicialmente era un dilema o un momento de confusión se convierte en un tema de obediencia. Yo no quiero ese tipo de claridad. Además, no quiero que Dios se entrometa en mi enfoque de vida.

Entonces volvemos a la santidad. Preguntar es un acto de santidad, porque estamos buscando seguir a nuestro Pastor. Vivir por fe en Él. Después nos enfrentamos con la elección de obedecer lo que escuchamos y nuestra santidad se intensifica.

La «breve vida alegre» es un obstáculo.

Más que cualquier otra cosa, esto es lo que causa que simplemente me desvíe, en busca de pastos más verdes. Ahora pienso en lo que dijo Jesús: «No hago nada que no sea lo que mi Padre me haya ordenado» (Juan 14.31, parafraseado por mí). Esto es lo que estamos buscando. Requiere el deseo de vivir en Dios y la voluntad de sujetar nuestra voluntad a la de Él. Aquí es donde somos santificados. No estoy describiendo el abandono de nuestros deseos, esa postura del alma que dice (con resignación): «Sólo dime qué quieres que haga y lo haré». Esa es la forma fácil. Lo que yo estoy describiendo es un corazón que está presente y comprometido con Dios, trayendo sus deseos a Él, sometiendo su voluntad a la de Él, y confiando genuinamente en que lo que Él dice es lo mejor.

Así aprendemos a permanecer en Él.

Los pactos que hemos hecho con el amor

Esta mañana estoy pensando en el amor.

Me he dado cuenta de que la mayoría de las mañanas no despierto muy feliz, y no estoy seguro del motivo. También he observado desde hace algún tiempo que, ni bien me despierto, empiezo a hacer correr en mi mente las cosas que tengo que hacer, tonificándome con lo que me demandan, pero aun más buscando cualquier cosa nueva que hacer. En realidad no es algo voluntario. Es como si el corazón tuviera vida propia y se despertara comenzando a evaluar las posibilidades antes que yo. «Yo dormía, pero mi corazón velaba» (Cantares 5.2).

Por cierto, pienso que así es como nuestras adicciones clavan sus garras en lo profundo de nuestro interior. Nuestro yugo diario no se asemeja en nada al Edén, y nuestros corazones desesperados y lastimados buscan dónde sujetar todos esos anhelos. Nos conformamos con un buñuelo, si es todo lo que podemos tener. Debemos cuidar a qué entregamos nuestro corazón.

De todos modos, esto es lo que ocurrió esta mañana. No me desperté con canciones de alegría en mi corazón, y me encontré a mí mismo buscando algo en qué esperar. (Cuando tropecé camino al baño. Todo ocurrió en cuestión de segundos.) No quiero entregar mi corazón a cualquier cosa que se parezca a la esperanza, así que vuelco mis pensamientos a Dios, sabiendo al menos intelectualmente, que el único lugar seguro para mi corazón es el amor de Dios. *Amor. Esto es acerca del amor, ¿Recuerdas?* Le digo a mi corazón. *Vuelve al amor corazón mío. Al amor de Dios.* Mi monólogo ayuda, así vuelvo a alinear mi corazón con el de Dios. Este cambio hacia la dirección correcta es casi como dar vuelta un barco. Lleva tiempo que el alma se vuelva a alinear con Dios, y hay cosas crujiendo y gimiendo, pero lentamente estoy virando dentro del viento.

Al volver mis pensamientos y los deseos de mi corazón a Dios, al volver mi alma a Su dirección (Él siempre está ahí esperando), noté lo que se parecía a una punzada de dolor. Se sentía, por no tener una mejor descripción, vieja, histórica, profundamente arraigada.

¿Había hecho yo un pacto de que nunca iba a ser amado?, me pregunto. El pensamiento viene en parte a través de años de aconsejar a otros, en parte a través de la intuición y, quizás, en parte porque en algún sitio en lo profundo de mi corazón esa oración se sigue repitiendo, y puedo percibir vagamente que viene desde lo profundo. Al preguntarme a mí mismo: *¿He hecho un pacto? ¿Alguna vez llegué a la conclusión de que nunca iba a ser amado?*, algo en mi corazón resuena, congenia. Parece que el pensamiento encaja. Entonces sé que esto es algo que debo perseguir. Todavía necesito sanidad.

Sé que no soy el único con la dificultad de creer en el amor de Dios para mí (nosotros creemos que Él ama a todo el resto), o de recibir el amor de Dios, o dejar que mi corazón alcance la vida y la alegría o, quizás especialmente, quedarme allí por algún período de tiempo razonable. Una hora o dos sería maravilloso. Un día sería un triunfo. Y pienso que quizás parte del motivo por el cual nos es difícil creer en el amor de Dios por nosotros, se esconde en algún lugar de nuestra historia. Recuerdo algo que escribió Gerald May hace algunos años: «Necesitamos dejarnos a nosotros mismo contar *nuestras* historias de amor, cómo vino el amor a nosotros a lo largo de nuestra vida, o por qué no vino, o cómo lo sentimos. Necesitamos contar la historia para poder entender». Y yo recuerdo que pensaba: *No gracias. Prefiero no fijarme en eso. Gracias de todas formas.*

E ignoré el tema por muchos años.

Ahora estoy intentando volver mi corazón al amor de Dios, dejarlo que me sane, y que se quede allí. A veces se siente como si estuviera en un bosque oscuro buscando a un ciervo herido y tratando de convencerlo para poder tocarlo.

Nuestra historia de amor es una muy complicada acerca de lo más precioso de nuestra vida (nuestro anhelo por el amor). Es una historia difícil de contar por dos motivos. El primero, estamos muy cerca de ella para poder tener a menudo algún tipo de claridad. No podemos ver el bosque debido a los árboles. Más profundamente, es una historia conmovedora, y no estamos seguros de querer dejar que vuelvan a la superficie los detalles dolorosos. Por eso es que somos ambivalentes con el amor. Oh, lo anhelamos. Deseamos ser amados. Pero nos escondemos también del amor, creando una defensa en su contra, fortaleciéndonos a nosotros mismos para no volver a sufrir. Nos conformamos con un buñuelo.

Después nos preguntamos por qué es difícil conectarnos con el amor de Dios, dejarlo entrar tan profundo como para que nos sane, y permanezcamos en su amor.

Debo volver a los pactos. Como expliqué anteriormente, los pactos son algo muy sutil y desagradable. Ellos inmovilizan nuestro corazón, o lo bloquean, al darle al enemigo una especie de llave para ingresar a algún lugar del corazón, y en *ese* lugar él cierra la puerta y la bloquea. Esto es lo que hay detrás del estancamiento que encontramos de otro modo en la vida de las personas saludables. Su amiga Jane es una mujer espectacular, ama a Dios, dirige viajes misioneros. Pero colapsa internamente cuando alguien la critica. Entra en depresión y borrachera. Su hermano Dan es un hombre bueno y amoroso, uno de los más maduros que uno conoce. Pero no ha devuelto sus llamadas durante tres semanas porque un día que estaban cenando usted le preguntó por qué no estuvo saliendo con ninguna chica.

Quizás usted se encontró con un espacio herido en un corazón tomado por la esclavitud debido a un pacto, que muy a menudo tiene que ver con el amor.

Piense en su historia de amor. Aquellos momentos en los que estaba lastimado, era muy vulnerable como para que los pactos se instalaran en usted. Vienen rápidamente, imperceptiblemente, a menudo en respuesta a algún mensaje entregado con la herida. Su novio rompe con usted. Duele demasiado, entonces usted empuja el dolor y trata de deshacerse de él. Pero su corazón está llegando a conclusiones. *Todo esto es mi culpa. Nadie me amará nuevamente.* Y lo malo es que usted quizás ni siquiera esté al tanto de que ha hecho una declaración. Nuestro enemigo es astuto, y una vez que asegura la declaración, no se encarga del tema por un tiempo, se queda dentro, y se mantiene en calma para que nadie descubra su obra. Cuando digo que se mantiene en calma, me refiero a que puede llegar a estar ahí por más de treinta años. Todo lo que usted sabe es que no puede sentir el amor de Dios.

Parado frente al baño con la ducha corriendo y vacía, me pregunto... *¿Dónde y cuándo hice esta declaración de que nunca sería amado? ¿Cuán usual es esa declaración para el corazón humano?* Yo no sé realmente qué más hacer y debo comenzar con mi día, entonces oro:

Jesús, de acuerdo, está bien. Entra en esta área. Realmente necesito y deseo tener tu amor, mucho más profundo de lo que le he permitido entrar. Quiero quedarme allí, refugiar mi corazón en tu amor. Ven y muéstrame qué tipo de declaraciones he hecho con respecto al amor. Muéstrame dónde están, cuándo entraron a mí. Ayúdame a soltarlas. A renunciar a ellas. Que en vez de eso acepte tu amor. Oh, sana mi corazón temeroso. Estoy dispuesto a ver mi historia de amor. Camina conmigo en eso.

Más tarde en mi oficina, me senté por un momento en silencio. No tenía ninguna claridad, pero podía sentir que algo resonaba dentro de mí. Lo que menos deseaba hacer era forzar esto. Eso nunca atrae lo suficiente al ciervo herido. Así que me senté y me distraje con otros escritos. Quizás ya había sido suficiente por hoy. Corregí algo de ortografía. Miré hacia la ventana. Mis pensamientos volaron a la caza con arco. Una reunión que debía asistir más tarde. Una llamada que había olvidado hacer. Pero sabía que no quería acercarme al tema de las declaraciones acerca del amor, así que tuve cuidado de no justificar mi disociación y me fui. Finalmente, volví al tema preguntándome a mí mismo: *¿Qué creo acerca del amor?*

Que nunca permanece.

¡Uao! ¡Dios mío! ¿Cuánto tiempo ha estado eso allí?, me pregunto. De acuerdo, ahora lo veo. No confío en el amor. De veras que no. Eso caracteriza muchos aspectos de mi vida. *Jesús encárgate de esto.* Suspiré profundamente y me senté en silencio por un momento una vez más, casi como el duelo de la entrega de una noticia muy sombría.

Sin embargo sabía que era cierto, me refiero a la revelación. No busqué a un neurocirujano para descubrir por qué creía que el amor no permanece. Mi padre se fue. El alcohol lo apartó. Mi mamá se fue. Tuvo que volver a trabajar para mantenernos. Brent se fue. Me di cuenta, al menos intelectualmente, que su muerte no fue una elección que hizo para alejarse de mí. Pero aun así, se había ido. Podría nombrar a otros más. Todas, personas que se fueron. Veía mi vida como una serie de personas que se fueron yendo.

Jesús, ¿Qué hago con esto?

Entrégamelo.

De acuerdo. Le entrego esto a Jesús. Lo dejo ir. Tu amor permanece. Puedo confiar en tu amor. Renuncio a la declaración que hice de que el amor nunca permanece. Te invito a que quites el dolor producido por todas las pérdidas. Ven y sana mi corazón en este lugar. Libera mi corazón para que confíe en el amor, en tu amor.

Ahora me debo ir. Pero quiero tratar este lugar con cuidado, pensar en él durante el día, y retornar a él ni bien pueda.

El día siguiente

Esto del dolor realmente me desconcertó ayer. Me refiero a que no estaba buscando llegar a ese punto. Es un lugar demasiado vulnerable. ¿Mi historia de amor? ¡Santo cielo!... es demasiado. Simplemente no quiero ocuparme de eso, resolverlo. Prefiero mantenerme distante.

Quizás por eso es que Dios se acerca sigilosamente a nosotros.

Soy tan consciente, y lo veo en todos mis amigos, de este estilo de vida que dice: *No me interrumpas, no me lleves a este tipo de cosas* que no quiero tratar. *Déjame seguir con mi vida. Sólo déjame seguir con mi vida.* Y Dios, con su amor bondadoso, nos dice que no. (Y algo dentro de nosotros dice: ¡Caramba! O algo más pintoresco. Sabemos que es verdad. El cazador del cielo no es tan fácil de despistar.) Dios nos dice: *Debemos encargarnos de eso. No te encuentras bien. Todavía no eres santo y sin mancha, no completo. Quiero que tengas vida, pero no la obtendrás hasta que seas santo y sin mancha.*

Caminamos por el mundo siendo muy vulnerables cuando nos rehusamos a ocuparnos de las cosas profundas de nuestro corazón. Especialmente de nuestra historia de amor.

Esto es lo que ocurrió el resto del día de ayer. Un hombre joven que conozco ha estado pasando tiempos muy difíciles últimamente. Tiene que ver con su matrimonio. Su esposa no es una mujer tierna. Existe muy poco amor entre ellos. Él está perdiendo las esperanzas. El enemigo ha notado su pena (los demonios huelen las luchas como los tiburones la sangre en el agua) y se ha estado moviendo para empeorar las cosas. Este es el *modus operandi* de Satanás, aprovecharse de nuestros juicios, debilidades o lugares que no han sido sanados, y se encarga de magnificarlos tratando de abrir un negocio allí. De cualquier manera, este hombre tiene bastante dolor, pero ahora un espíritu de dolor insoportable se está apoderando de él, y derrumbándolo.

Así que ayer pasó por mi casa y me preguntó si podíamos hablar. Oro un poco con él, y mientras estoy orando experimento dolor en mi corazón. *Oh, así que eso es lo que el enemigo está haciendo, está penetrando su corazón con dolor.* No puedo contar cuántas veces experimenté algo así, la opresión espiritual de otro tratando de apoderarse de mí. Es como que eso se transfiere. Como un virus de computadora. Justo esa mañana, que estaba parado frente al baño, me percaté de una de las más profundas declaraciones que había realizado con respecto al amor, así que estoy un poco sensible y vulnerable mientras transcurre mi día. Ahora, pues, estoy en el campo de batalla con un espíritu de dolor insoportable. ¿Puede ver cuán establecido estoy para convertirme en otra víctima de esta pena?

Si usted no es cuidadoso con este tipo de cosas, puede ser atacado.

Hubiera sido fácil que la historia continuara de esta forma: Veo que en su vida el amor no funciona, no permanece; y fácilmente podría haber vuelto a la declaración a la que yo había renunciado esa misma mañana.

Fíjese que no es tan fácil. No sea tonto. Usted estaba en lo cierto. Hubiera perdido el terreno que había ganado. Y hubiera tenido que luchar con su guerra también, este espíritu de dolor insoportable estaba penetrando mi corazón, atacándome porque estaba intentando ayudar a ese hombre. Si no era consciente de cómo la guerra intentaba transferirse, podría haber experimentado que mi corazón se rompiera, aunque estaba relacionado con mi propio dolor, y dejarlo entrar con la sutil declaración. *Sí, mi corazón duele. La vida trae dolor y pérdida.*

¿Se da cuenta del mundo peligroso en el que vivimos? Esto no es la escuela dominical. Esto es Vietnam, Kosovo, Bagdad. Es por eso que Dios insiste tanto en que nos ocupemos de los lugares de nuestra vida que no han sido sanados y santificados. Él sabe lo vulnerables que somos.

Gracias a Dios pude sentir lo que estaba ocurriendo. Rechacé la mentira de que la situación de ese hombre estaba probando mi declaración anterior acerca del amor. Llevé la cruz de Cristo en contra de su opresión y la envié hacia el trono de Cristo. Y ahora estoy aquí esta mañana, fuera de todo eso, y de vuelta a lo que Dios me había traído sin toda esa basura que estaba intentando apoderarse de mí. Estoy necesitando regresar al amor de Dios, el objetivo, verdad eterna acerca de su amor por mí. Así que me dirijo a las Escrituras.

> Con amor eterno te he amado;
> por eso te sigo con fidelidad,...
> Te edificaré de nuevo;
> ¡sí, serás reedificada!...
> y saldrás a bailar con alegría.
>
> (Jeremías 31.3-4)

Amor eterno, eso rompe la mentira de que el amor nunca permanece. Su amor así lo hace. Es eterno. Inamovible. Verdadero.

Oh sí, Señor. Anhelo tu amor. Me encantaría estar alegre nuevamente.

Leo algunos pasajes:

> ¡Fíjense qué gran amor nos ha dado el Padre, que se nos llame hijos de Dios! (1 Juan 3.1)

> Y esta esperanza no nos defrauda, porque Dios ha derramado su amor en nuestro corazón por el Espíritu Santo que nos ha dado. (Romanos 5.5)

Simplemente estoy utilizando las referencias de mi Biblia de estudio, para ir de un pasaje acerca del amor de Dios a otro, como un hombre hambriento al que le dejan entrar a un buffet.

> Así como el Padre me ha amado a mí, también yo los he amado a ustedes. Permanezcan en mi amor. (Juan 15.9)

No, el Padre mismo los ama porque me han amado y han creído que yo he venido de parte de Dios. (Juan 16.27)

Yo les he dado a conocer quién eres, y seguiré haciéndolo, para que el amor con que me has amado esté en ellos, y yo mismo esté en ellos. (Juan 17.26)

Oh sí, Señor. Eso es lo que quiero. Que tu amor esté dentro de mí. Anhelo que tu amor llene mi corazón. ¿Qué debo hacer?

Pregunto esto porque no estoy sintiendo el amor de Dios exactamente en este momento. Mi corazón se siente un poco triste, mezclado con un poco de dolor. Cuán a menudo ocurre eso, lo he visto de vez en cuando en la vida de las personas que he aconsejado. No creemos en las Escrituras porque no parecen alinearse con lo que estamos *sintiendo* en este preciso momento. Ha frustrado mis días el hecho de ver a las personas aferrarse a sus declaraciones e incredulidades porque eso es lo que sienten en ese momento. Somos tan necios con nuestra incredulidad porque no estamos en ese momento *experimentando* lo que sea que Dios dice que es verdad. Ahora los roles parecen estar invertidos. Ahora soy Tomás el incrédulo, y ahora me doy cuenta de que la frustración y la exasperación que a menudo siento como consejero, es como Dios se siente constantemente.

Dios dice: *Permitan que esto sea verdad. Crean en esto. Hagan un pacto conmigo respecto de esto.*

Qué invitación tan preciosa. Él sabe que hacemos pactos con todo tipo de mentiras, deformaciones y acusaciones. Y ahora nos invita a acordar con Él en lo que es *cierto*.

No podemos basar nuestras convicciones en si estamos sintiendo o experimentando la verdad de lo que Dios dice. Esa es una postura arrogante, permitir que nuestra condición de ser sea el juez de si las Escrituras son verdaderas para nosotros. Sé que debo comenzar por la verdad, adoptarla, invertir mi todo en ella, y luego más tarde, a veces en seguida, a veces en el futuro, experimentaré su veracidad. Como le dijo Jesús a Tomás: «Dichosos los que no han visto y sin embargo creen» (Juan 20.29).

Está bien, de acuerdo, de acuerdo, de acuerdo, de acuerdo. Sí. Esto es lo que es cierto. Permitiré que sea así. Hago un pacto contigo en esto.

(Visite www.walkingwithgod.net)

Acerca de lo que he estado orando

Varias semanas han transcurrido desde aquella mañana en el baño donde Dios trajo el tema del amor. Le he estado preguntando qué debería orar y me ha estado respondiendo: *Que mi amor sane tu corazón.*

Oh, cuánto me conoce. Me conoce más que yo a mí mismo. Y cuán cierto y bueno es orar acerca de esto. Mi corazón necesita Su amor y Su sanidad. Él también me ha estado diciendo: *Entrégame tu corazón.* Los dos van de la mano. Primero me perturbaba su insistencia, me perturbaba por el hecho de que me seguía respondiendo: *Que mi amor llenara tu corazón, sanara tu corazón.* Pero eso sólo muestra cuánto necesito su sanidad, y también por qué y dónde necesito que Dios me sane.

Mientras ocurría todo esto en la mañana, otra fuerza me estaba atormentando. Creo que la mejor manera de decirlo con palabras es la frase: «Haz que esto ocurra». No tengo idea de cuán profundo se extiende esto en mí. Pero se percibe como centro de mi personalidad.

Le di permiso a Dios, cuando estábamos regresando del hospital el fin de semana del día del trabajo, para que reconstruya mi personalidad basada en Su amor. En este momento no siento que esté basada en Su amor en lo más mínimo. La siento basada en «Hacer que ocurra».

Estamos de vuelta en el rancho a fines de la temporada de tiro con arco. No, no estoy cazando. Mis manos todavía están enyesadas. Todavía no puedo atar mis cordones. Pero quería regresar con los muchachos para poder guiar a Blaine. Todavía puedo caminar. Puedo hacer venir a un alce. Pero anoche nevó nuevamente, y cuando oraba durante el día, Dios me dijo: *No lo hagas*. Podría haberme escabullido, pero una caída no habría sido buena en este momento. Eso de «Hacer que ocurra» podría haberme hecho ir con los muchachos al frío y a la nieve, intentando conseguir un alce para Blaine. Sería difícil, me estaría esforzando, y sería estúpido.

Aunque mis manos están enyesadas dificultando que las cosas ocurran, no es imposible. Podría perder mi oportunidad de transformarme y llevarlo a cabo. Pero mi alma necesita sanidad en esa área. Aún esta mañana, mientras oraba y leía las Escrituras, las moscas estaban zumbando en la ventana, y sentí que debía tomar una revista y matarlas. Ocuparme de eso. Como si pudiera golpear a un objeto en movimiento. Ni siquiera podía golpear a una babosa en ese momento. Pero eso no se me ocurre. *Debo matar esas moscas* es sólo una de cientos de versiones de «Hacer que ocurra».

Señor Jesús, ten misericordia. Esto va tan profundo dentro de mí. Apenas sé qué hacer, qué decir. Ten misericordia. Sáname aquí, sana esto. Sáname en tu amor.

Aun mientras escribía ese último pensamiento y mi última oración, fui sorprendido por este: *¿Qué hora es? Las cuatro de la tarde. Debo estar explorando por los muchachos a las cinco.* De veras. Justo en la mitad de la oración. Y luego al poco tiempo, miro por la ventana para ver cómo está el clima (nubes bajas, frío, parece que nevará pronto), y pienso: *Debo tener una mejor forma de predecir el clima aquí arriba, debo conseguir una estación de radio que anuncie el clima.* Esto es casi constante. Este tipo de pensamientos, planeamiento, anticipación, manipulación, viene naturalmente. Al verlo con tanta crudeza ahora, me quedo sin palabras. Que Jesús tenga misericordia.

Esta mañana le pregunté a Dios sobre qué leer. Me dijo: *Salmo 17.*

A ti clamo, oh Dios, porque tú me respondes;
    inclina a mí tu oído, y escucha mi oración.
Tú, que salvas con tu diestra
    a los que buscan escapar de sus adversarios,
    dame una muestra de tu gran amor.
Cuídame como a la niña de tus ojos;
    escóndeme, bajo la sombra de tus alas,
de los malvados que me atacan,
    de los enemigos que me han cercado. (vv. 6-9)

La frase «cuídame como a la niña de tus ojos» realmente llamó mi atención. Me encanta ese pasaje. Hay algo joven en mí que resuena con eso. Es la vida del hijo amado, todo lo opuesto a «Haz que ocurra».

Jesús, santifico todos mis dones y todas mis habilidades para dejar que lo hagas ahora. Te los entrego, Jesús, para servirte y para no tener un enfoque impío de la vida. Te pido que tu amor sane la parte de mí que siente que debo hacer que ocurra, que todas las cosas, especialmente mi felicidad, dependen de mí. Invito a tu amor para que venga a este lugar y me sane. Y, Jesús, me arrepiento de esa parte de mí que necesita hacer que las cosas ocurran. Transfiero la confianza de mi habilidad de dejar que las cosas ocurran, a tu amor y bondad.

Sueños

Anoche tuve el sueño más misterioso.

Y aquí de nuevo, ¿No es así como todos comienzan la historia acerca de un sueño? «Tuve el sueño más misterioso anoche». Como si estar en una montaña rusa con el Rey Tut no fuera raro. ¿Qué sueños no son misteriosos? «Sueño misterioso» es medio redundante. Pero bueno, volvamos a la historia.

Todavía estamos en el rancho, pero soñé con un lugar en el que solía trabajar. En mi sueño todavía trabajaba allí. (Lo que creo que hace que el sueño se convierta en pesadilla.) Para peor, me habían puesto en una especie de prisión. Me acababan de soltar, pero estaba sosteniendo una fuerte discusión con mi jefe anterior, que sentía no haber hecho nada inusual o inaceptable. Yo decía: «¡No me pueden hacer esto!» Les dije que renunciaba, y recuerdo aun en el sueño cuán increíblemente bien se sentía mi alma. Me desperté sintiendo un maravilloso alivio. «¡Renuncié!»

De acuerdo, no es tan disparatado soñar que uno está aprisionado en el trabajo. No se necesita un sueño para saber que odiamos nuestro trabajo, que nos sentimos atrapados. Igual sí me llamó la atención porque no trabajo más allí desde hace muchos años. Pero lo que es muy disparatado es lo que sigue. Durante el desayuno esta mañana, Blaine dijo: «Tuve un sueño muy misterioso anoche». (Allí está de nuevo.) «Estaba con otras personas en una misión de rescate. Para liberarte. De ese lugar en el que solías trabajar».

Ahora pues, ¿Qué haría usted con esa información?

Lo que generalmente hacemos con ese tipo de información es levantar las cejas y decir: «Eso es muy disparatado, ¿no?» Y luego seguimos adelante con lo que tenemos que hacer, y no volvemos a pensar en eso.

Los muchachos están a punto de partir a cazar, pero cayó un poco de nieve durante la noche. Y aunque realmente quiero ir con ellos, siento que el Padre me dice que me debería quedar en la cabaña. Ceder. La discreción es la mejor parte del valor, entonces me quedo. Ellos se fueron, y yo abrí mi Biblia para dedicar algún tiempo a estar con Dios. Estoy leyendo el salmo 16 cuando me encuentro con esto: «Bendeciré al Señor, que me aconseja; aun de noche me reprende mi conciencia» (v. 7).

Espere un segundo. «¿Aun de noche me reprende mi conciencia?», esa pequeña alarma interna se enciende. Dios está llamando. Recuerdo el sueño. También recuerdo que mientras venía manejando hasta aquí, para hacer pasar el tiempo, Blaine y yo habíamos escuchado un libro en casete, y en esa historia Dios le estaba hablando a un hombre joven a través de sus sueños. Hola. Mi sueño y el sueño de Blaine eran muy importantes. Dios está diciendo algo. No sé qué, pero están apareciendo demasiadas coincidencias.

Ahora, pues, en nuestro caminar con Dios, este es el momento crítico. Muy a menudo decimos meramente: «¡Oh! Qué coincidencia». Lo vemos como si viéramos a un gallo de dos cabezas que está posado sobre el marco de la ventana y luego vamos a comer un sándwich. Nunca hacemos nada con eso. Y así perdemos el regalo que Dios está intentando darnos. O nos perdemos la advertencia que nos está enviando como llamarada.

Sé que necesito orar. Ahora. Antes de que el mensaje de Dios se escabulla por segunda vez. Y quizás la última. «Busquen al Señor mientras se deje encontrar», exhorta la Biblia (Isaías 55.6). En otras palabras, este es el tiempo. Si espero más para que esto tenga sentido, no ocurrirá. La demanda de la vida lo arrebatará.

Este es el tiempo.

¿Qué oro, Señor? ¿De qué se trata esto?

Silencio. Este es un lugar de mucha ayuda para empezar, preguntarle a Dios qué orar. No sé que está ocurriendo. Estoy buscando al equivalente del gallo con dos cabezas sobre el marco de mi ventana. No sé por qué Dios sacó a relucir esto. Entonces le pregunto. Recuerda a los discípulos preguntándole a Jesús: «Enséñanos a orar». Muy a menudo nos sumergimos directamente en la oración (haciendo discursos de oración para Dios), y esta no tiene mucho efecto. Solamente movemos nuestra lanza en el aire al azar. Haz eso por un rato y obtendrás la impresión de que la oración realmente no funciona. O que Dios no está en ella. O que si funciona pero que Él no está. Cuando oramos efectivamente, Juan dice: «Ésta es la confianza que tenemos al acercarnos a Dios: que si pedimos conforme a su voluntad, él nos oye. Y si sabemos que Dios oye todas nuestras oraciones, podemos estar seguros de que ya tenemos lo que le hemos pedido» (1 Juan 5.14-15).

Esa es una promesa maravillosa. Si oramos de acuerdo a la voluntad de Dios, Él nos escucha bien y responde nuestras oraciones. ¿No es eso lo que quiere? Yo lo quiero. ¡Quiero ver que mis oraciones funcionen! Quiero orar de acuerdo a la voluntad de Dios. Pero no siempre sé cuál es, entonces *pregunto*. Esto ha revolucionado completamente mi forma de orar. Y estoy viendo muchos más resultados, así como los que prometieron las Escrituras.

Volvamos a la cocina de la cabaña y al gallo de las dos cabezas. Lo que siento que Dios me dice que haga es que traiga toda la obra de Cristo entre esta compañía y yo, que rompa con toda cadena espiritual entre ellos y yo. Recuerde, el sueño se trataba de la esclavitud, el encarcelamiento, yo necesitaba un rescate para librarme de ese lugar. Para entender la dinámica de esto, necesitamos entender algo acerca de la autoridad espiritual. Cuando usted se pone bajo una iglesia (al congregarse), o bajo una empresa (al aceptar un empleo), se pone bajo su autoridad espiritual. Esto puede ser bueno o malo. Depende de lo que los líderes permitan que entre, espiritualmente hablando.

Las personas que salen de algunos cultos suelen luchar con opresión espiritual hasta que rompen con toda cadena espiritual, con ese culto y sus líderes. Lamentablemente, si por el contrario, una buena iglesia ha dado lugar a un fuerte espíritu de orgullo religioso, muy a menudo se dará cuenta de que la mayoría de sus miembros luchan contra el orgullo religioso. Va por todos lados, afectando a todas las personas como si fuera gripe. La misma dinámica se da para las familias. ¿Alguna vez se ha preguntado por qué la ruina del adulterio, el divorcio o los problemas financieros parece surgir en algunas familias? Porque en algún momento, el líder de esa familia lo dejó entrar, a través de pecados y declaraciones, y ocurre así hasta que alguien lo enfrenta.

¿Qué oro, Señor?

Siento que Dios me está mostrando que para ser verdaderamente libre de ese lugar, y para moverme completamente en mi nuevo llamado, necesito traer la obra de Cristo entre esta organización y yo, sus líderes, y mi jefe anterior. Así que oro de esta manera:

Traigo toda la obra del Señor Jesucristo, Su cruz y Su sangre derramada,
Su resurrección y Su vida, Su autoridad, gobierno y dominio, entre este

lugar y yo, y entre todas las personas de ahi y yo. Sus empleados, líderes y
mi antiguo jefe. Rompo con toda atadura espiritual entre nosotros, y can-
celo todo reclamo que el enemigo me está haciendo por el tiempo que pasé
allí. Salgo de bajo de su autoridad. Consagro mi llamado y don al Señor.
Limpio mi llamado y don con la sangre de Jesucristo, para ser santo y puro
y lleno con el Espíritu de Dios solamente. Mantengo la obra de Cristo
entre nosotros y prohíbo que estas ataduras se vuelvan. En el nombre y la
autoridad del Señor Jesucristo.

Ahora pues, no sé todo lo que esto logró en el reino espiritual, pero aun mientras oraba, podía sentir que me libraba de algo. Me sentí más libre. Más liviano. Y pensar que todo comenzó con la extraña «coincidencia» de dos sueños.

(Visite www.walkingwithgod.net)

Escuche en nombre de otros

Ayer fue agotador. Una joven que conocemos y amamos ha estado angustiándose cada vez más durante los últimos meses, y ya era el momento en el que debíamos intervenir para ofrecerle oración. Es una hermosa mujer joven que ama a Dios, que también desea mucho casarse, pero hasta hace poco, ningún hombre había tomado la iniciativa de buscarla. No sé por qué. Finalmente, apareció uno. Pero como en la mayoría de las relaciones, las cosas eran complicadas y desordenadas, y ella comenzó a afligirse cada vez más, llantos, noches sin dormir, desequilibrada la mayoría de las veces. Sus amigos comenzaron a sentir que sus reacciones eran desproporcionadas con respecto a la situación.

Y esa es una señal muy importante.

Cuando usted ve en otros, o encuentra en sí mismo, reacciones y respuestas que parecen desproporcionadas, eso es una clave para saber que algo más está ocurriendo. Otras cosas están en juego. Generalmente las declaramos como reacciones de inmadurez, cuando en realidad, quizás Dios está utilizándolas para sacar a la superficie temas profundos para que podamos ocuparnos de ellos. O el enemigo puede estar planeando algo. Bastante seguido, ambas cosas son correctas. Pero lo que en general ocurre es que nos avergüenza cómo sobreactuamos, y hacemos lo que podemos para dejarlo pasar rápidamente. Dejamos la habitación. Escondemos nuestros sentimientos. Colgamos el teléfono lo más pronto posible. Y a menudo los que nos rodean quieren eso también, que nosotros lo «superemos». Este era el consenso creciente de las personas cercanas a esta joven mujer cuya historia estoy contando. La llamaremos Sally.

Sally me vino a ver hace algunos días, con lágrimas en sus ojos y ojeras negras por falta de sueño. Ella me dijo: «No sé qué hacer». Ahora pues, me he dado cuenta con el pasar de los años de que reacciono de dos maneras cuando alguien está angustiado. Me siento incómodo y quiero salir de la situación lo más pronto posible. Eso es lo que impulsa nuestro intento de ofrecer una palabra rápida de consuelo o consejo, esperando cambiar la conversación o salir de la habitación lo más rápido posible. Es algo malvado. Es cobarde. No es nada menos que retirarse, una retirada de batalla que no sabemos cómo manejar o no *queremos* manejar, una retirada para intentar volver a la breve vida linda lo más rápido que podamos.

Detesto esa parte de mí.

Gracias a Dios, hay otra respuesta que ha ido creciendo en mí a través de los años, gracias a que Jesús ha entrado más y más en mí.

Quiero comprometerme. Quiero intervenir. Quiero ayudar. Le pregunté a Sally qué sentía que estaba ocurriendo, quería escuchar su perspectiva acerca de su angustia. ¿Sabía ella que se veía desproporcionada? ¿Tenía idea de que esto tenía que ver en parte con el hombre joven y también con temas profundos de su alma? Cuando se trata de ayudar a otro ser humano, se pueden tratar los síntomas, o se puede tratar la causa. La mayoría de las personas se interesan en el manejo de los síntomas, y es por eso que no mejoran.

Para hacer la historia breve, Sally sabía que su angustia debía estar originada en algo más que en su relación con ese hombre. Me preguntó si algunos de nosotros podíamos orar y escuchar en nombre suyo.

Escuchar a Dios en nombre de otros puede ser uno de los mejores dones que podemos brindarnos en el cuerpo de Cristo.

Si todavía no lo ha hecho, pronto descubrirá que es más fácil escuchar la voz de Dios cuando le habla a alguien más que escucharla cuando se dirige a uno mismo. No estoy seguro de todos los motivos por los que ocurre. Ciertamente, uno de ellos es que no estamos implicados emocionalmente al escuchar. Sally estaba angustiada. No podía escuchar lo que Dios le estaba diciendo por la misma razón que usted no puede dormir bien si se dice a sí mismo: *Tengo que dormir bien esta noche.* Hay mucha presión. Usted no dormirá. Qué don puede ser entonces, quitar esa presión al escuchar en nombre de otra persona.

Un poco más acerca de la dinámica de ayudar a alguien. Además de no perder de vista lo que está ocurriendo en el corazón lastimado de la persona, debe tener su radar encendido para lo que esté haciendo el enemigo al mismo tiempo. Los amigos de Sally estaban fastidiados con ella, el resultado es que no estaban siendo de gran ayuda. ¡Cuidado! El enemigo hará eso para evitar que la ayuda venga de parte de otros. Él intentará hacer que *usted* les haga a ellos lo que *él* les está haciendo. Aunque le ofrecimos a Sally orar por ella, de repente no quería hacerlo más. Me sentía cansado y fastidioso. No nos dejemos engañar por esto. No dejemos que se apodere de nosotros. La noche anterior al día de la intervención, fue pésima. Esa es una buena señal, el enemigo se está acobardando, sabe que su juego se termina, y ahora la guerra se transfiere a usted. No permita que eso lo desaliente. Tómelo como una señal de que algo bueno está ocurriendo. Un progreso está a punto de ocurrir.

Sintiendo que había mucha guerra espiritual involucrada, sabía que la interferencia espiritual podía dificultar las cosas para escuchar de Dios una vez que nos juntáramos con ella. Entonces dediqué un tiempo a orar de antemano mientras preparaba el café esa misma mañana. *Jesús, ¿Qué está ocurriendo? ¿Qué está atacando a Sally?* Escuché a Jesús decir: *Desolación.* El espíritu que estaba atacando a Sally era la desolación. Pero por supuesto. Los conocerán por su fruto.

Me dio la impresión de que la desolación estaba superando la angustia emocional de Sally. Comenzamos a orar trayendo la obra de Cristo en contra de la desolación, enviando al espíritu a los pies de Jesús. Esto llevó varias rondas de oración. A menudo ocurre. Después de todo, usted está tratando con espíritus rebeldes. Una vez que el aire estuvo limpio, pudimos orar por los lugares de profunda desolación interior de Sally, lugares quebrados por el rechazo cuando ella era joven. Esta es la dinámica a la cuál me refería anteriormente; aparece en Efesios, donde Pablo advierte: «No dejen que el sol se ponga estando aún enojados, ni den cabida al diablo» (4.26-27). Hace algún tiempo, en su historia de amor, Sally se sintió desolada. E hizo el pacto. La desolación vino para quedarse.

Es decir, hasta hoy. Le pedimos a Jesús que viniera y ministrara los lugares heridos dentro de Sally. Rompió su pacto con la desolación. Y con la mentira de que nunca sería amada. Jesús estuvo muy presente. Fue hermoso.

Lo que fue muy agradable acerca del tiempo de oración, fue que varios de nosotros pudimos escuchar y orar en nombre de Sally. Pudimos escuchar la voz de Dios, aunque ella no pudo. Pero al orar sobre cada cosa que Dios nos revelaba, Sally comenzó a volver a ser ella misma nuevamente. Y comenzó a escuchar la voz de Dios. Oh, cuánto deseo que este tipo de intercesión se practicara más ampliamente en el cuerpo de Cristo. Uno de los tesoros más ricos acerca de aprender a escuchar la voz de Dios es el bien que podemos hacer por los otros. De hecho, pienso que usted descubrirá que escuchar por otros desarrollará su habilidad para escuchar cuando le hablan a usted.

Represalias

Me gustaría que ese fuera el final de la historia. Pero es poco común que así sea.

Recibí una llamada de Sally la mañana siguiente. Estaba llorando. El chico con el que estaba saliendo, rompió con ella esa misma noche. Sentimos que estábamos a punto de perder todo el terreno que habíamos ganado. Todas sus declaraciones anteriores estaban allí, esperando para entrar nuevamente, y el enemigo con ellas. Gracias a Dios actuamos a tiempo. Si no nos hubiéramos deshecho de la desolación y no hubiéramos traído sanidad sustancial en los lugares de rechazo, eso habría sido devastador. Dios nos movió a que interviniéramos justo a tiempo.

Pero el enemigo estaba allí. Justo allí en la llamada, me golpeó un *Date por vencido. Este tipo de oración no funciona. Olvídalo. Dios no viene a las personas; la sanidad en realidad no existe. Sólo abandona a las personas.* Sutil pero claro. Un pacto con la misma guerra que esta mujer había estado haciendo pactos, la desolación. Luego de colgar, tuve que renunciar a esto. «No», dije en voz alta. «Eso no es cierto. Rechazo este sentimiento (la desesperación sutil a menudo aparece como un sentimiento), y rechazo esa mentira. Dios está trabajando».

Después esa tarde, Lucas, que normalmente es la persona más alegre de la familia, estaba abatido. Intentamos conseguir sacarlo de eso sin ningún provecho. Stasi reconoció la guerra, por lo que oraron. El espíritu no se fue. Me involucré, haciendo la conexión con Sally. (Recuerde, la guerra funciona como un virus. Intenta expandirse lo más que puede, especialmente cuando usted estuvo involucrado tratando de librar a alguien más.) Los tres oramos juntos en contra de la desolación específicamente. Más o menos por un lapso de treinta minutos, Lucas volvió a ser el mismo de siempre.

Podemos aprender algunas cosas de esta experiencia. Primero, no asuma simplemente que el ataque bajo el que se encuentra cualquier día le pertenece. Puede ser la batalla de alguien más, que intenta transferírsele.

A veces ocurre luego de que les ha servido de ayuda, y a veces viene de antemano, intentando sacarlo a usted para que ni siquiera les brinde ayuda. Deje que esta sea una categoría cuando usted se dé cuenta de que se encuentra bajo algún tipo de ataque. Pregunte: «¿De dónde proviene esto? ¿De quién puede ser esta guerra?», pregúntele a Dios al respecto. En segundo lugar, si usted va a amar a otros e intervenir cuando lo llaman, va a tener que tener mucho cuidado de no hacer los mismos pactos que ellos han hecho. Usted será tentado a hacerlo.

Entonces volvemos a la santidad.

Seremos presionados, cuando estamos ayudando a otros, a sucumbir ante lo que sea que los acose. «Hermanos», dice Pablo, «si alguien es sorprendido en pecado, ustedes que son espirituales deben restaurarlo con una actitud humilde. Pero cuídese cada uno, porque también puede ser tentado» (Gálatas 6.1). El enemigo intentará encontrar una debilidad, una herida vieja, una declaración, algún miedo o pecado, para hacer que usted ceda; así no puede ayudar a la persona que se encuentra en necesidad. Al ser presionados, tenemos una oportunidad inmediata de romper con cualquier pacto que hayamos hecho, arrepentirnos de cualquier pecado que hayamos cometido, para poder ser santos y sin mancha, para que podamos ayudar a aquellos que amamos. Me doy cuenta de que necesito hacer esto en el momento, en medio de la conversación o de la oración. *Señor, he hecho lo mismo. Perdóname. Límpiame. Renuncio a los pactos que he hecho aquí.*

Esto nos da una nueva razón para buscar la santidad, quizás no podamos siempre despertarnos en nuestra propia batalla en nuestro nombre, pero podemos encontrar una resolución más profunda cuando se trata de amar a otros. No ceda, no se rinda. Las personas lo necesitan.

De vuelta a la alegría

¿Está comenzando a percatarse de cuán esencial es la alegría?

Porque vivimos en un mundo en guerra. *Porque* el enemigo es implacable. *Porque* «nos vemos atribulados en todo» (2 Corintios 4.8). Por todas estas razones necesitamos la alegría. Muchísima alegría. A baldes. Carros. La alegría puede contrarrestar el efecto de todo lo implacable. Sin ella, estaremos agotados ante la batalla, exhaustos. No tendremos nada a que recurrir. Ninguna reserva interior. Nos desperdiciaremos. Tiraremos la toalla. O caeremos ante una adicción porque estamos absolutamente hambrientos de alegría.

Estaba leyendo acerca de mi vida en estas historias y pensaba: *Cielo santo, qué deprimente. Es una pelea detrás de la otra.* Pero no es real. Ahora que estoy intentando ser más intencional al respecto, o abierto a eso, la alegría está apareciendo en mí también. Más allá de que no pude cazar este otoño, pude ir al bosque con los muchachos varias veces. Un fin de semana frío de octubre, Morgan y yo llamamos a un alce macho para mi hijo Sam. Fue nuestra primera caza exitosa en diez años y fue un día colmado de aventura y alegría. Sí, tuvimos que cargarlo desde la montaña a través de la madera caída. Pero eso también trajo alegría.

Y existen muchos días comunes. Aún estoy comenzando a entender mi necesidad de alegría normal.

La versión del mundo acerca de la guerra y la alegría es esfuerzo y satisfacción. Presione fuerte y recompénsese con un poquito de algo. Trabaje como burro, luego cómprese un televisor de pantalla grande. Es una falsificación barata de guerra y una falsificación barata de alegría. Si usted camina con Dios, se encontrará a sí mismo avocado a lo real. La batalla intensa. La alegría auténtica. La batalla lo encontrará a usted. Pero usted debe ser intencional con la alegría.

El espíritu de la época

Entonces, regresé al rancho ese fin de semana de noviembre para chequear algunas cosas. Sentado aquí en la cabaña, la vida se siente completamente distinta. Normal, en el sentido de que así fue planeado que viviéramos. El café sabe mejor aquí arriba. Es exactamente el mismo que hago en casa, en la misma cafetera barata, pero huele fantástico y está repleto de sabor. ¿Por qué ocurre eso? Stasi y yo fuimos a cenar a un restaurante exclusivo hace dos noches y probablemente pagamos treinta dólares el plato, pero los fideos de noventa y nueve centavos que me preparé cuando volvimos de la excursión fue la mejor comida que probé en un mes.

Detesto mi ritmo de vida.

Yo no vivo. Simplemente hago cosas.

Mi vida está totalmente orientada a las tareas. Me levanto y oro, porque si no oro, me dejo llevar por la guerra. No es una oración relajada; es una oración con propósito. Voy a la oficina y comienzo a responder e-mails. Proyectos que comenzaron con una buena idea ahora están en pausa porque tengo plazos para estas cosas, y lo que comenzó como un arranque creativo ahora es simplemente: ¡Hazlo! Llegué a casa agotado, frito, y allí fue donde la bebida se volvió agria. A veces intento ir a correr, pero ¿notó usted la frase «ve a correr»? *Es otro más hazlo.* Aunque disfruto de correr, me ha estado resultando difícil tener tiempo. Tareas, no vida.

Solía disfrutar preguntándole a las personas: «¿Cómo estás?» Ahora evito la pregunta, porque es una invitación a una conversación para la que no tengo tiempo, y nos llevará a temas de los cuales me voy a sentir obligado a hacer algo al respecto. Cuando una persona dice: «No tan bien», ¿A dónde nos escapamos? «Oh, cuánto lo siento. Bueno, me tengo que ir». Estoy intentando no hacer esa pregunta, así puedo continuar con mi día y terminar las cosas.

Cada edad tiene cierto espíritu, humor o clima. El de la nuestra son las ocupaciones. Estamos todos corriendo como tontos desde que sale el sol hasta que se oculta. ¿Qué hay de todas las bebidas energizantes? Debe haber docenas ahora. RocketFuel. CrankYouUp. Sin mencionar las cafeterías en cada esquina. ¿Por qué necesitamos toda esa cafeína? ¿Y por qué tantos de nosotros necesitamos ayuda para dormir por la noche? Nuestros abuelos no la necesitaban. Pensábamos que la era tecnológica haría la vida más simple, más fácil. Nos tiene tomados por la garganta. Necesitamos operar a la velocidad de las computadoras. Seriamente, me fastidia que mi e-mail tarde cuatro segundos en cargar ahora, cuando antes solía tardar diez. Me doy cuenta de que no soy el primero que menciona algo acerca de esto. Las personas han estado observando esto por un largo tiempo. Estamos corriendo como las hormigas cuando pateamos su hormiguero, como ratas en una rueda, como locos de remate.

Y por alguna razón, o creemos que no podemos detenernos, o no queremos.

Como el hijo pródigo, no haremos algo al respecto hasta que un día nos demos cuenta de que estamos cansados de eso y que *queremos una vida diferente*. Hasta entonces, esa vida en la que en vez de vivirla, hacemos todas las cosas, tiene sus beneficios. En primer lugar, nos provee una ilusión de seguridad, estoy abordando la vida, estoy sobre todas las cosas. Es una seguridad falsa, pero no lo creemos. Pensamos que es nuestro único camino a la seguridad. Estar sobre todas las cosas. No somos tan honestos como para decir: «Dios no parece estar involucrado particularmente en ocuparse de estas cosas para mí, así que lo tengo que hacer yo». Pero esa es nuestra convicción subyacente. Después de todo, si creyéramos que Dios se fuera a encargar de todas nuestras preocupaciones, no nos mataríamos tratando de sostener el mundo.

Entonces allí está la maravillosa calidad de la distracción eterna que brinda, «distracción con propósito». No debo enfrentarme a mí mismo o a Dios o a nada más, porque estoy demasiado ocupado. Y la gratificación es, no debo sentirme culpable de que no me estoy enfrentando a mí mismo o a Dios o a nadie más, porque mi negocio «es así», y ¡Por Dios!, al menos estoy mostrando que soy una persona responsable al hacer las cosas. De esta manera, puedo evitar toda interrupción real al sentirme víctima de las circunstancias que están más allá de mi control.

Si realmente quisiéramos vivir de una manera diferente, daríamos alguna muestra de eso en nuestras elecciones.

Entonces, voy a apagar la computadora y a disfrutar de lo que queda del día aquí arriba.

Halcones

Dios me ha estado hablando a través de los halcones. No más gallos de dos cabezas. Halcones de cola roja.

Un par de ellos anidaron en el rancho en el verano. Me encantaba escucharlos gimotear. Estaba trabajando en algo, y de repente desde allá arriba escuchaba el llamado del halcón, y me detenía a observarlo. Era como que me sacaban de lo mundano, me elevaban. Elevaban no sólo mi mirada, sino la de mi corazón. Estuvo también el halcón al que Dios me guió arriba en el farol cuando pensé que estaba buscando cuernos de alces. Otro halcón descendió de lo alto cuando S´mores y yo estábamos paseando una tarde por el bosque. Para mí, él fue un símbolo de la presencia de Dios, de su libertad y de su belleza.

Un símbolo de mi corazón, me dijo.

Y hoy Dios me dio un magnífico halcón posado sobre la colina donde se encuentra mi casa. Ellos sólo vienen y descansan en ese lugar en esta época del año, por una semana o dos, al migrar en el otoño. Sentí que Dios me movía de nuestro tiempo de oración y de escritura para ir afuera, y al salir, sentí que Él me llevaba a *ir arriba*, o *mirar hacia arriba*, y allí se encontraba el halcón más grande que yo haya visto. Temía que no se quedara lo suficiente como para ver la escena. Pero se quedó. Y mucho más que eso. Lo observé durante diez minutos. Hubo un momento en el que miró donde estaba yo, y sus ojos parecían los ojos de Dios. Dios mirándome. Le pregunté qué significaba.

Mi amor.

Recuerde: «Del Señor es la tierra y todo cuanto hay en ella» (Salmo 24.1). Dios está hablándonos todo el tiempo. A veces utiliza palabras. Otras veces utiliza sueños. Y le encanta utilizar lo cambiadizo, la belleza desplegada, el drama y la presencia de su creación.

¿Qué significaba expresar palabras que valen la pena?

Gracias al corazón humano por el cual vivimos,
Gracias a sus ternuras, sus alegrías, sus miedos,
Para mí la flor más insignificante que explota puede dar
Pensamientos que a menudo yacen muy profundo como para llorar.

(Visite www.walkingwithgod.net)

invierno

primavera

otoño

verano

Encontramos a Dios en nuestras pérdidas,
en lo mundano y manteniendo nuestros corazones
en lo que creemos que es el largo camino a la obediencia

La muerte de Scout

Nuestra familia está de duelo.

Nuestro amado Golden Retriever, Scout, ha muerto.

Es difícil describir esta pérdida, porque usted tendría que haber conocido a Scout y lo que significaba para la familia para poder entenderlo. Esto es más fuerte que la muerte de una mascota. Nuestros hijos crecieron con Scout. Era parte de la familia. No meramente por nuestro afecto hacia él, el afecto puede hacer que un osito de peluche se convierta en algo especial. Scout *era* especial. Tenía un corazón grande y un espíritu sensible. Era leal y real. Siempre se alegraba al vernos, siempre jugaba con lo que fuera que estuviera en movimiento. Dormía en la habitación de los chicos. Salía a caminar con Stasi todas las mañanas mientras ella oraba. Siempre nos esperaba en la puerta cuando volvíamos del trabajo, ladrando a modo de saludo, moviendo la cola.

A Scout le encantaba correr por la nieve, con su nariz metida en ella. Le encantaba perseguir pájaros. Y a nuestro auto todoterreno. A veces se acercaba a S'mores, y cuando este agachaba su cabeza para inspeccionarlo, Scout le daba un lengüetazo en la nariz. Le gustaba jugar pelota con nosotros, pero nunca nos la daba. Y si cualquiera estaba triste venía, suavemente, con amor y moviendo su cola. Acercaba su carita y traía consuelo. Casi podía adivinar.

Estábamos tristes la noche del lunes pasado. El cáncer que le apareció el verano pasado, había regresado con violencia. El veterinario dijo que viviría un mes como mucho. Pero nosotros nos dábamos cuenta de que se desvanecía muy rápido. Y no queríamos que sufriera. Le estaba costando levantarse para salir a orinar. Lloraba de dolor por las noches. Así que hablamos con los chicos el lunes por la noche acerca de sacrificarlo antes de que el cáncer llegara al punto que no pudiéramos tratar más con su dolor. Todos lloramos. Y Scout, que no había podido levantarse a lo largo de todo el domingo debido al cáncer del hombro, se levantó y se unió al círculo familiar, comenzó a acercarse a cada uno de nosotros, moviendo la cola. Era como si estuviera diciendo: «Está bien, todo va a estar bien» y ahí estaba, consolando a su familia casi al final.

No le puedo explicar cuánto hubiera querido orar y sanar a Scout. Pero debemos tener *mucho* cuidado con nuestro corazón y nuestra fe cuando oramos por sanidad. Es muy importante saber cuál es el plan de Dios. Cuando los discípulos le preguntaron a Jesús acerca de un hombre que había nacido ciego, el Maestro les dijo que había nacido ciego para que la obra de Dios se hiciera evidente en su vida (Juan 9). Y justo después, en ese momento, lo sanó. Pero había muchas personas ciegas en Israel en ese momento a quienes Jesús *no sanó*. Así que hace algunas semanas comencé a preguntarle: *¿Quieres sanar a Scout?*

¿Es eso lo que planeas hacer aquí? Sentí que la respuesta fue: *No. No esta vez.*

Al aprender a escuchar la voz de Dios, una cosa es certera, si no podemos escuchar un «no», entonces será muy difícil escuchar a Dios o creer que lo que creemos haber escuchado es en realidad lo que dijo Dios. Esto es crucial, escuchar a Dios requiere entrega, dejar todas las cosas en Sus manos. No quiere decir abandonar nuestros deseos, pero sí entregárselos a Dios. Por supuesto que quería escuchar a Jesús decir: *Sí, lo sanaré.* Quería escuchar eso tanto. Entonces hubiera orado por sanidad como un hombre con una misión. Hubiera orado como Elías. Pero no le podía hacer eso a mi familia a menos que supiera que Dios estaba completamente de acuerdo. No quería arrastrarlos a algo semejante.

Pero, ¿me estoy excusando por mi incredulidad?

Abrí la Biblia en Romanos 4. No estoy muy seguro por qué. Pero al leer me di cuenta de que Dios me estaba hablando. «Contra toda esperanza, Abraham creyó y esperó». Sí, así es como deseo vivir. Esa es la clase de fe que me gustaría tener. «Su fe no flaqueó, aunque reconocía que su cuerpo estaba como muerto». Correcto, allí me encuentro yo. Estoy enfrentando los hechos. De no haber un milagro, Scout morirá pronto. Después llegué al versículo clave: «Ante la promesa de Dios no vaciló como un incrédulo, sino que se reafirmó en su fe y dio gloria a Dios, plenamente convencido de que Dios tenía poder para cumplir lo que había prometido» (vv. 18-21).

Ese es el tema clave, la fe de Abraham se basaba en una promesa clara y específica de Dios. «Dios tenía poder para cumplir lo que *había prometido*».

Nosotros no teníamos la promesa de Dios de que Scout iba a vivir. Le pregunté mucho a Dios al respecto.

Cuando se trata de nuestra fe, debemos tener cuidado de que nuestra esperanza y nuestro deseo no nos hagan reclamar una promesa que Dios no nos ha hecho. A veces las personas lo hacen, con buenas intenciones, por usted. Debido al amor que sienten por usted, desesperados por darle ánimo, creerán que su deseo es lo que Dios está prometiendo. Muchas palabras proféticas equivocadas provienen del deseo. No son lo mismo. Por supuesto que nuestros amigos querían que Scout viviera. Yo también. Pero no creí que fuéramos a ver un milagro esta vez.

Entonces oré: *Jesús, quédate con nosotros en esta situación. Ayuda a mis hijos a llorar. Consuélanos. Prohíbo que algo impuro forme parte de esto. Sana nuestros corazones rotos, Señor. Ven en este momento.*

(Visite www.walkingwithgod.net)

Dios en nuestra pérdida

La muerte de Scout fue la situación más dura y a la vez más hermosa que compartimos con nuestros hijos, aparte de la pérdida de mi amigo Brent hace ocho años. Pero los chicos eran muy jóvenes en esa época, y el dolor fue más que nada mío. Estábamos juntos alrededor de Scout. Los amigos que habían venido para despedirlo se fueron para dejarnos solos con él la última hora. El veterinario fue citado a las 5:00 de la tarde. Así que nos sentamos en el piso alrededor de Scout, acariciándole su suave pelo y besando su nariz, diciéndole que lo amábamos y llorando. Hablamos acerca de las cosas que nos encantaban de Scout. Movió un poco su cola. Pero más que nada, lloramos. Me molestaba ver a mis hijos llorar tanto, aunque sabía que eso era parte de su madurez. Eso también debe ser afrontado. Yo estaba agradecido de que pudieron llorar.

Cuando el veterinario estaba entrando, les dije a los chicos: «Este es el momento de decirle adiós a Scout. Denle un beso». Así lo hicieron, aquello me partió el corazón.

El veterinario sacrificó a Scout ahí mismo en nuestra sala. Era un hombre muy bueno y atento. Después se marchó, para dejarnos con nuestro dolor. Afuera, en la colina, la luz de la puesta del sol estaba de color dorado como nunca antes había visto. Dios estuvo presente.

Ahora bien, no sé qué hará con lo que yo le cuento, pero debo contar el resto de la historia. Cuando Scout murió, yo lo escuché ladrar. No lo escuché en mi memoria, ni en el pasado, sino en ese momento. En el reino de Dios. Pensé: *¿Es cierto? ¿Realmente escuché eso?* Creo que Dios preserva la vida de los animales. Después de todo, las Escrituras dicen que el león descansará con el cordero. Entonces al menos tiene que haber leones y corderos en el cielo. ¿Por qué Dios se quedaría con ellos nada más? Muchos teólogos buenos creen que veremos nuestras mascotas amadas en el cielo. Pero no entraré en un debate teológico. Le pregunté a Jesús: *¿Qué hacen los perros en el reino, Señor?* Y me dijo: *Corren.* Entonces vi a Scout, con los ojos de mi corazón, corriendo con muchos perros felices, cerca de los pies de Jesús.

Compartí mi historia con Stasi y nuestros hijos, y Blaine dijo: «Sí. Yo escuché algo también. Precisamente cuando Scout murió. Jesús dijo: "No me quiere dar la pelota"». Esa era una característica de Scout, jugar pelota, con la pelota de tenis en la boca, aunque nunca la lanzaría. Escuchar a Jesús decir eso fue más precioso de lo que podría describir.

Enterramos a Scout en el patio trasero, en la colina entre los matorrales de roble. Yo había ido allí el día anterior para cavar un hoyo. Al lado del espacio que elegí, había una pequeña piedra de granito del tamaño de una mano, pero con la forma de corazón. La guardé y cuando enterramos a Scout se las enseñé a Stasi y a los chicos. Otro regalo de Dios. A Él le importan nuestros corazones. Luego la puse sobre el montón de piedras con las que cubrimos a Scout.

Acepte la gracia que Dios le da

Yo tenía temor de la muerte de Scout, temor al dolor, porque cuando perdí a Brent hace algunos años, fue la situación más insoportable que tuve que pasar. Tenía temor de que ese dolor le abriera las puertas al otro gran dolor que pasé. El dolor es así, pareciera que está conectado a todas las demás situaciones tristes de la vida. Como abrir la puerta de una habitación en donde está almacenado todo nuestro dolor. Pero no ocurrió así. Todavía hay ecos desde la muerte de Brent, pero esta vez me siento distinto. Mucho más distinto. Es como si estuviera sustancialmente sano. ¡Increíble! La sanidad realmente existe.

Y hay otra cosa más. Cuando me despedí de Scout también le dije: «Te veré nuevamente, amigo». Aquello resolvió algo en mi alma. Nuestras pérdidas no son permanentes, no cuando están en las manos de Dios. Qué gran diferencia.

Sacrificar a Scout fue una de las decisiones más difíciles que he hecho, porque yo era el que cargaba con el peso de decidir. Sabía que el cáncer estaba avanzando rápidamente. Sabía que él se estaba quedando inmóvil. Pero aun así, elegir el momento para terminar con la vida del perro de la familia es algo difícil. Cuando oré el domingo por la noche, escuché a Dios decir: *Dos días*. Lo sacrificamos el martes. Teníamos dos días. Al luchar con la decisión, también escuché a Dios decir: *Sus corazones*. Eso fue tan bondadoso de su parte. Hubiéramos tenido que arrancar nuestros corazones para prolongar aquello y permitir que el cáncer consumiera a Scout hasta que no lo reconociéramos.

Aunque esas cosas sean genuinamente difíciles, no deben ser crueles y solitarias si invitamos a Dios a que nos acompañe.

Me di cuenta de que Jesús me estuvo dando consuelo y bienestar el día de hoy. Pero también me he dado cuenta de que tengo la elección de aceptar eso o no. Casi parece que está mal sentirse bien sólo unos días después de la muerte de Scout y por todo lo que la familia tuvo que pasar. Es como que degrada lo que él significaba para mí, la tristeza de su muerte, la pérdida y especialmente de alguna manera degrada lo que los demás están sintiendo, porque no están bien. Es como una versión de culpa de sobreviviente, ese pensamiento que nos dice: *No debería estar sintiéndome bien, mira a los otros*.

Tenga cuidado con esto. «Debo sentirme mal» puede convertirse rápidamente en un pacto con el sentimiento de malestar, y no debería sorprendernos que muy pronto nos empecemos a sentir mal. ¡Dios mío! Acepte la gracia de Dios cuando venga. Es un regalo y, si Él nos la da, debe ser bueno recibirla.

(Visite www.walkingwithgod.net)

El diablo es un oportunista

Al levantarme en la mañana, siento que Jesús está cerca, más cerca de lo que lo venía sintiendo. Y eso es bueno. Estoy tan agradecido de tenerlo ahí y de recibir su cercanía. Entonces una pesadez se empieza a apoderar de mí.

Al principio sólo parece parte de la naturaleza de las cosas. *Esto se debe a lo que ocurrió con Scout, por supuesto que me siento pesado.* Pero no me gusta el fruto de eso. Al entrar la pesadez, la cercanía de Jesús pareciera desvanecerse. Nuevamente vienen los pensamientos: *Bueno, por supuesto que se está desvaneciendo, estás de duelo y es un tiempo difícil.* Pero estemos atentos, yo quiero que Jesús esté aquí, y no creo que esto venga de Dios. No se siente como de Dios. Entonces comienzo a orar en su contra, y muy seguramente se empieza a ir. No al instante, no rápido, pero veo que comienza a vacilar en el reino espiritual. Hay algo aquí, tratando de introducirse con la excusa de la muerte de Scout, tratando de encontrar una oportunidad para hacernos sombra.

Debemos estar atentos, Satanás es un oportunista.

Siempre está buscando puertas abiertas, oportunidades, un punto débil. Se aprovecha de lo que parezca un simple evento, una discusión, una emoción, una pérdida de esta clase, y lo utilizará como una entrada para sus mentiras, engaños y opresión. Lo he sentido ante una mala noticia de alguien más. Estaré bien y luego alguien me relata la historia de alguna privación o pérdida que un amigo está pasando, y ¡boom! Un sentimiento de persistente oscuridad se apodera de mí, al principio no demasiado, sólo ese sentir que le hace a uno decir: *Correcto, así es como la vida es en realidad, es difícil e impredecible.* Se siente como un ataque en contra de mi fe. Seguro, algunas de esas cosas son mi propia rareza y paranoia. Pero no del todo.

También he visto todo lo contrario. Recuerdo que estaba manejando por una parte bellísima de la costa del Sur de California hace algunos años, por un barrio de casas estupendas y autos lujosos y

montones de jardines inmaculados. Se sentía tan bien. Tan esperanza-
do. *Verás,* vino el pensamiento o aquella impresión: *Puedes hacerlo, la
vida puede ser realmente buena si eres rico.* El hecho de caer víctimas de
esos pensamientos depende de cómo vemos el mundo, nuestro entendimiento básico de lo que ocurre aquí. De todo lo que he observado,
la mayoría de las personas permiten que eso ocurra, haciendo pactos
y más pactos durante todo el día, porque no entienden que tienen
un enemigo, o simplemente no quieren ocuparse de eso. Así que el
enemigo cumple con su cometido.

Aquí estoy, llorando la pérdida de alguien muy amado para mí,
y algún espíritu maligno está intentando aprovechar la oportunidad
para desesperar mi corazón. Sería muy fácil entrar en eso. Estoy cansado y dolido. ¿Debo resistir ahora? Si quiero estar libre de la opresión, sí, debo.

Queridos amigos, deben recordar, el mundo en el que vivimos es
un mundo en guerra.

¿Por qué es eso tan difícil de aceptar? Y aunque realmente acepte-
mos que es así, y muy pocos lo hacen, ¿Por qué es tan difícil aceptar
esa realidad todos los días? ¿Por qué existe esta propensión, esta inclinación nuestra a ignorar los hechos? No, eso no es lo suficientemente
fuerte. ¿Qué es esa *insistencia* en ver la vida de la forma que queremos,
en vez de verla como realmente es? Tomemos el terrorismo como
ejemplo. Hubo mucha pasión y determinación en nuestra conciencia
nacional durante algún tiempo tras el ataque terrorista del 11 de sep-
tiembre. El atentado nos despertó. Por un momento. Calcomanías y
letreros proclamaban: «Nunca nos olvidaremos».

Pero lo olvidamos. Nos olvidamos. Estamos de vuelta en nuestra
breve vida feliz. «No me interrumpa con una gran guerra en contra
del terrorismo. Simplemente no quiero tratar algo así».

A nivel espiritual, hacemos exactamente lo mismo, pero las consecuencias son aun peores. *Jesús, ¿qué es esta insistencia nuestra? ¿Por qué insistimos en olvidarnos de lo que es doloroso y difícil y reformamos nuestra visión del mundo a algo así como: «Quiero una breve vida feliz»? ¿Es como observó T.S. Eliot que el hombre no puede aceptar demasiada realidad?*

Me levanto, aunque de mala gana, y comienzo a orar en contra de esta pesadez que se aprovecha de mi dolor. Traigo la obra de Cristo en contra de ella, aunque me siento incómodo y apagado al orar. Pero lentamente, el guerrero que hay en mí, se va despertando. Mis ojos se van hacia una esquina en mi oficina, y allí justo contra la pared, hay un espadón. Me recuerda a la realidad. Estamos en guerra me guste o no. Me recuerda cómo es Jesús. Es un guerrero implacable. Mi oración se intensifica. La pesadez se va. Una vez más me encuentro libre para llevar mi corazón a Dios sin que el enemigo contamine mis pensamientos.

No estoy diciendo que no nos podemos permitir sentir lo que sentimos. Lo que le estoy advirtiendo es que cuando se encuentre en un lugar vulnerable, se dé cuenta de que está en un lugar vulnerable, y recuerde que los depredadores buscan al vulnerable de la manada. Una vez que estemos en el Reino que ha de venir, una vez que el mundo sea restaurado a la forma que debía ser, entonces podremos vivir sin interrupciones, sin ataques. Entonces podremos bajar la guardia. Pero no hasta ese entonces. Ni siquiera en momentos de ternura o dolor. Sé que parece injusto, pero el enemigo no juega limpio. Es un oportunista.

Saber esto le ayudará.

Dámelos a mí

Me he encontrado con una de las sorpresas más grandes al caminar con Dios, es con respecto a las personas.

Ellas integran una gran parte de nuestras vidas. Estamos rodeados de personas. Tratamos con otros todos los días, desde el que maneja en frente nuestro, la mesera del restaurante, los compañeros de la oficina, hasta con los que compartimos nuestra casa. Y de alguna forma, ellos siempre están cerca de algún tipo de necesidad. O crisis. O de un drama al que se imponen por sí mismos. Y uno de los grandes peligros para la persona que ha comenzado a desear agradar a Cristo, es que simplemente permitimos que nuestra conciencia sea nuestra guía con respecto a los otros. Tenemos una tendencia a irrumpir, en vez de caminar con Dios. Damos mucho, o muy poco, u ofrecemos lo que el otro necesita, pero en el tiempo incorrecto.

Sería un estudio revelador mirar la forma en la que Jesús se relaciona con las personas en las historias del evangelio. A veces se detiene a mitad de camino para ofrecer una palabra o para ser amable, en lo que a nosotros nos parece que es algo de menor importancia, o alguien a quien deberíamos ignorar. Otras veces se esconde bajo las sábanas, esquiva completamente un encuentro (vea Lucas 5.12-16). Él posee una libertad para con los demás que yo mismo anhelo tener.

¿Qué pasaría si le empezáramos a preguntar a Jesús qué está diciendo cuando tiene que ver con las personas que nos rodean?

Jason necesita un lugar donde quedarse. Algunos de nosotros simplemente se lo ofreceríamos, sin consultarle primero a Cristo. Otros ni siquiera consideraríamos ofrecérselo. Pero, ¿le preguntó a Cristo? Nancy necesita oración. Mi inclinación es asistirla. Pero me detengo y le pregunto a Dios: *¿Qué te parece si oro?* A veces Él direcciona mis oraciones, y sé que estoy orando de una manera mucho más efectiva ya que estoy siguiendo Su voluntad, en vez de simplemente orar lo que deseo para la persona o pienso acerca de ella. O aun sus pedidos. Otras veces Él dirá: *Está cubierto. No necesita oración.* Entonces puedo dejarla ir. Ben me está pidiendo que esté algún tiempo con él. Me detengo y le pregunto a Dios: *¿Debería ayudarlo?* A veces me dice que sí, otras veces me dice que no, y aun otras me dice: *No en este momento.*

Pero más a menudo, cuando le pregunto a Dios qué hacer con otra persona, me dice: *Dámela a mí.*

Esta respuesta ha sido consecuentemente impredecible y refrescante por completo.

Sé que no me encuentro solo en esta inclinación que tengo de contener a las personas. Me preocupo por ellas en la noche. *¿Mis amigos tienen suficiente dinero?* Me da paranoia lo que otros piensen de mí. *Quizás no debería haberle dicho eso a Gary, quizás esté enojado conmigo.* Me encuentro a mí mismo hablando con ellos aunque no estén allí. *¿Sabes?, tu hija no estaría tan perdida si dedicaras más tiempo a estar con ella.* Siento como que no estoy dando lo suficiente. *Debes llamar a Jim.* A veces pienso que veo lo que otros necesitan y asumo que debería ayudarlos. *Pienso que sería bueno que me encuentre con Kyle.*

¿Cómo guiamos nuestras relaciones? ¿Qué es lo que lo guía generalmente en lo que tiene que ver con las personas que están relacionadas con usted?

Nuestra tendencia es dejarnos llevar por lo que estamos sintiendo. Esa no es una guía confiable. Abundamos en la especulación, o la preocupación, o la culpa, o el sentimiento de obligación. O le damos lugar al fastidio, al malestar o al deseo de anularlos. Nos vemos más comprometidos de lo que deberíamos, o enredados en su drama. Es ahí cuando nos ofendemos con las personas como categoría porque estamos agotados. ¿Y cuál es la razón?

Nunca le consultamos a Dios al respecto.

Nuevamente mi batalla de hoy fue preocuparme por Sally. *¿Hicimos lo suficiente? ¿Perderemos lo que ya habíamos ganado?* Pero me di cuenta de *que* estaba obsesionado, entonces me detuve y pregunté: *¿Qué ocurre con Sally, Señor?* Y Él me dijo: *Dámela a mí.* De acuerdo. Correcto. Me estoy preocupando. Déjala ir. Aceptar eso es un acto de humildad. No soy tan indispensable como pensaba. Ella necesita a Dios más que a mí. Es un acto de fe, Dios actuará con ella. Él se encargará de eso. Es un acto de liberación. Y me doy cuenta de que cuando le entrego las personas a Dios, se abre una cantidad asombrosa de espacio en mi vida. Para Él.

La trampa de la especulación

De acuerdo. Veo esta otra cosa que ha estado ocurriendo durante bastante tiempo, y creo que finalmente me estoy dando cuenta de lo que es.

Primero fue la conversación que tuvimos con Stasi en la cocina el verano pasado mientras estábamos haciendo sándwiches de mantequilla de maní y jalea. Ella estaba hablando acerca de algo que había tenido en su imaginación y acerca de qué regalo maravilloso es la imaginación que proviene de Dios. Ella dijo: «Pero el mundo la ha atacado, a través de todas las películas oscuras e imágenes que llenan nuestra cultura. Creo que debemos tener cuidado para que podamos tener una imaginación santa».

Uh, pensé. *Eso tiene sentido*. Pero nunca pensé en la imaginación como algo santo o no santo. Pienso que lo veía más como una facultad, como poder oler. De cualquier manera, así fue como el Espíritu Santo mostró las cosas, a través de una breve observación de Stasi. Me sentí pesado. Mientras estábamos allí en la cocina envolviendo sándwiches en plástico, lo que me dijo encendió la alarma que generalmente es Dios diciendo: *Presta atención. Esto es importante*. Quizás me sentí de esa forma porque me di cuenta de que nunca lo había pensado. ¡Dios mío! Aquí existía una región de mi vida que nunca había santificado.

Así que cuando me fui de la cocina para comenzar con mi día, oré: *Jesús, te doy mi imaginación*. (Recuerde, este es el tiempo. Encárguese. No sabe cuándo volverá a surgir un tema.) *Santifica mi imaginación*. Eso fue todo lo que se me ocurrió hacer en ese momento.

Ahora, pues, pensaba que la santificación vendría con un tiempo de oración, limpieza de viejos recuerdos, algo así. Pero esto fue lo que ocurrió. Comencé a darme cuenta de que mi imaginación vuela imprudentemente a distintos escenarios a lo largo del día. Stasi menciona que el hijo de alguien se ha apartado, y mi mente enseguida piensa: *Oh, eso nos podría ocurrir a nosotros. ¿Será a Blaine? ¿Sam? ¿O Lucas?* Comienzo a imaginar las posibilidades. Tenemos un mes malo económicamente hablando, y enseguida pienso: *Terminaremos viviendo bajo un puente*. La camioneta hace un ruido extraño cuando la enciendo y mi imaginación piensa: *El motor se está muriendo. Mejor que la venda antes* de que se desintegre. Ya la veo desarmada sobre bloques frente a la casa.

Otra palabra para esto es *especulación*. Posibilidades como: *Podría tener cáncer en la boca* o *Este avión podría caerse*. Mi imaginación tiene toda la limitación de un caballo salvaje.

El tema de la especulación estaba interviniendo mucho en mi relación con las personas. Leigh no asiste a una de las reuniones de iglesia, y yo pienso: *Ella se está apartando. La estamos perdiendo. Un día de estos no vendrá más.* Y todo lo que ocurrió fue que estaba visitando a un amigo. Morgan envía un e-mail: «¿Podemos hablar?» y yo pienso: *Se está perdiendo. Algo anda mal. Probablemente sea una fusión en el departamento de eventos.* Resulta que quería consultarme acerca de un libro. Craig pospone una reunión de equipo, y yo pienso: *¿Qué?, ¿No somos prioridad? ¿Piensa que puede hacer lo que le dé la gana? Qué manera tan arrogante de vivir.* Tenía una cita con el doctor. La especulación es devastadora para las relaciones y la mía estaba desenfrenada.

Pero lo que realmente comenzó a matarme fue la especulación y un entretenimiento de posibilidades oscuras con respecto a mi propia santidad.

En el esfuerzo por asegurarme de que era puro delante de Dios, de que las cosas estaban bien entre nosotros, buscaba en mi corazón y en mi conciencia algo que estuviera desequilibrado, algo que desagradara a Dios. Una especie de búsqueda del alma, quiero decir, con el espíritu de: *Estoy seguro de que hay algo que no está bien.* Ahora bien, eso puede estar motivado por un serio deseo de estar limpio delante de Dios. Pienso que es apropiado estar atentos a la forma en la que hemos alejado nuestro corazón de Él en el curso de un día. Pero lo que estoy describiendo es diferente a una apertura gentil al soplo del Espíritu Santo en cuanto a la confesión y el arrepentimiento.

Es un tipo de hipocondría.

Si está constantemente dándole al bienestar físico un reposo profundo, buscando alguna señal de angustia, adivine, encontrará algo en lo cual obsesionarse. Encontrará algo que aunque sea pequeño o leve, se tornará pronto en algo desproporcionado. *Ese cosquilleo en mi garganta, estoy incubando el estreptococo. Ese dolor de mi muñeca... ¿me excedí ayer? ¿Retrasé mi recuperación por eso?*

Si comienza a introducir incertidumbre en su alma buscando algo malo, convencido de que: *Algo está mal,* entonces adivine, pronto se verá angustiado porque hay algo que *está* mal. Lo que está mal es que ya no está confiando en Dios. Se apartó de la posición de descanso en la fe y la seguridad, y eso *está* mal (la incredulidad y la desconfianza están mal). El alma comienza a manifestar la señal de que *algo está mal.* Pero la triste ironía es que no nos damos cuenta de lo que en realidad está mal, el hecho de que estamos operando con miedo y desconfianza, porque estamos buscando algo más, algún pecado que tememos haber cometido, algún cambio en nuestro corazón hacia algún ídolo. Y, todo el tiempo, lo que está mal es la desconfianza que nos hizo dudar en el primer momento.

Esa obsesión no es muy distinta a la preocupación común. Si hay algo para preocuparnos acerca de esta u otra relación, suceso, o plan, se dará cuenta de que si comienza a entretener a la preocupación, pronto se encontrará imbuido en ella, a pesar de la situación. Y una vez que se encuentre en un estado de preocupación, se dará cuenta de que su imaginación transforma toda evidencia en una futura causa de intranquilidad. Se levanta por las noches. Se comienza a preguntar: *¿Escuché algo?* Si de alguna manera es vulnerable al miedo de los terrores nocturnos, entonces adivine lo que comenzará a escuchar, sentado en la oscuridad cubierto con sus mantas, esforzándose por identificar qué lo despertó. Comenzará a tener terrores nocturnos. Este es el ciclo al que me refiero.

Los conocerás por su fruto. Mi obsesión sólo trajo angustia y Satanás, el oportunista, la ha utilizado nuevamente. Debo llevar mi imaginación bajo el gobierno de Dios, bajo la guía del Espíritu Santo. Mi imaginación es libre, atolondrada, desenfrenada y, por lo tanto, no santificada. Por tanto, «llevamos cautivo todo pensamiento para que se someta a Cristo» (2 Corintios 10.5). Eso es exactamente lo que debo hacer. Debo atar eso.

No más especulación. Eso es completamente impío. Y me ha estrujado absolutamente, ha llenado mi alma de angustia. Me está tomando algún tiempo y esfuerzo consciente para controlar una imaginación a la que nunca le han puesto un freno, pero le está llegando. Y el fruto es paz y una vida interior mucho más tranquila.

Santifico mi imaginación al señorío de Cristo Jesús.

Se hará

La semana pasada, Gary, Craig y yo pasamos dos días juntos, sentados patas para arriba, tomando café y hablando acerca del futuro de nuestro ministerio. Cuando comenzamos a formar el ministerio que se convirtió en Ransomed Heart [Corazón redimido], Craig planteó la idea de que operáramos como un liderazgo trinitario, un enfoque compartido para gobernar el reino. Ninguno de los tres tiene la última palabra. Ninguno es el gobernador absoluto. Los tres guiamos juntos. Entonces, con el tiempo, hemos desarrollado una forma de caminar y guiar como grupo. Y lo central en esto es escuchar la voz de Dios. Juntos. No le puedo explicar cuánta tensión se ha liberado, cuántas reuniones se volvieron innecesarias y cuántas colisiones han sido evitadas porque los tres nos detuvimos a escuchar. Juntos.

Yo no quería ir a Canadá para un evento en el 2006. Gary sintió que debíamos ir. Craig también. No hay charla posible en este tipo de situaciones o, si la hay, puede llevar horas y horas. Nos detuvimos y le consultamos a Dios. *Vayan*, dijo. Y así fue. Preguntarle a Dios por Su voluntad es una manera de preservar las relaciones, porque de esa manera no tenemos esos sentimientos persistentes como que: *Quisiera que Craig no se hubiera empecinado tanto con eso.* O el pensamiento orgulloso tipo: *Yo estaba en lo cierto. ¿Por qué Gary no lo admite?* O la presión de estar de acuerdo con todo. Todo lo que se requiere de cada persona es que escuche a Dios. Estar en silencio. Escuchar a Dios sería una fuente tremenda de alivio y guía para los líderes de iglesias, ministerios y obras, si adoptaran esto en sus decisiones diarias. Pregúntenle a Dios. Escuchen Su voz. Juntos. Ríndanse a lo que escuchan. Piensen en todas las cosas imprudentes que evitaría, y todas las cosas que Dios tiene para que adoptemos. Realmente es un acto de humildad por el cual admitimos que no tenemos la inteligencia para hacer las cosas nosotros solos, y que necesitamos el consejo de Dios. Tanto en las cosas pequeñas como en las grandes.

(Visite www.walkingwithgod.net)

De cualquier manera, la semana pasada fue una de esas tantas ocasiones en las que nos sentamos frente a una hoja de papel en blanco y hablamos con Dios y lo dejamos dirigir, en nuestra relación y con respecto a los planes para el ministerio. Quizás la mejor parte de nuestro divagar fue escuchar a mis amigos hablar acerca de las cosas que Dios ha estado trayendo a sus vidas y exhortándolos a ocuparse de ellas. Me sentí aliviado.

Verá, cuando vivimos con otra persona, cuando simplemente vivimos *cerca* de otras personas, tarde o temprano estaremos al tanto de sus temas, las áreas de su personalidad que no fueron sanadas o santificadas. A ellos les ocurrirá lo mismo. Vivir en comunidad es como muchos puercoespines que viven en la misma guarida. Nos atascaremos. Y la pregunta que presiona es: *¿Qué haré yo con eso?* No estoy hablando de que venga alguien y nos empuje con sus partes ásperas un día cualquiera. En cambio, ¿qué hará cuando esté continuamente encontrándose con las características vitales de quienes se están lastimando a sí mismos y a otros (incluyéndolo a usted) y también arruinando la obra que Dios les ha dado para que hicieran? ¿Debería plantearlo?

Pregúntele a Dios.

Debe estar alerta, lo que usted quiere plantear es un engañabobos. Así como su equivalente está en usted. Engañabobos en el sentido de que usted no puede simplemente ir y opinar y esperar que todo marche de maravilla. Por supuesto que nos vamos a encontrar con el enojo y la actitud defensiva típica con la que nos encontramos cuando sacamos a la luz las cosas malas de la vida de otro. Pero el engañabobos es más que eso. Muy a menudo el tema se enreda con heridas profundas en el corazón de la persona, y lo que nos molesta, es que de parte de ellos salga un mecanismo de defensa desarrollado y perfeccionado cuidadosamente. Comenzamos a hurgar en eso, y el engañabobos se va, la vergüenza, el enojo, el retraimiento, el desprecio. Y si el enemigo tiene una fortaleza en eso, despertará al perro guardián y este los atacará a los dos.

Esto necesitará humildad y sumisión.

Camine con Dios. *¿Cuándo hablo de esto Señor? ¿Qué debo decir?* Y espere el permiso, aunque signifique meses o años. Será con mucha moderación. Santidad genuina. Pero en lo que puede descansar seguro es en que, el tema saldrá a la luz nuevamente. Esta no será la única oportunidad que usted va a tener. Ore ni bien lo encuentre, pero esté dispuesto a dejarlo ir, sin importar cuánto le moleste, si eso es lo que Dios le dice que haga. Saldrá a la luz nuevamente. Lo fabuloso que ocurrió la semana pasada con Craig y Gary fue lo que yo estaba esperando, aunque el Señor sabe que hubo tiempos en los que no quería, pero aquí Dios estuvo trabajando y manejó el tema mucho mejor de lo que yo nunca hubiese podido.

«Todo tiene su momento oportuno», nos recuerda Salomón, «hay un tiempo para todo lo que se hace bajo el cielo... un tiempo para callar, y un tiempo para hablar» (Eclesiastés 3.1, 7). No soy lo suficientemente sabio o lo suficientemente compasivo o lo suficientemente valiente, o lo suficientemente bueno para discernir siempre si este es el tiempo para atreverse a entrar a la vida de otro. Pero le pregunto a Dios. Y espero. Saldrá a la luz.

(Visite www.walkingwithgod.net)

En ti

Acabo de recordar algo que Dios me dijo en mi paseo en kayak el mes pasado. ¡Dios mío! Casi me había olvidado de eso por completo.

Algunos padres habíamos estado buscando algo especial para hacer con nuestros hijos. Yo había escuchado acerca de una excursión en kayak por el mar que algunos hombres jóvenes en México lideran cada año. Yo quería llevar a mis hijos con esos jóvenes que sabía que admirarían, son aventureros, les gusta el mismo tipo de música, y son muy agradables. *Y, según* el punto de vista de papá, aman a Jesús. Así que, parte de mi idea era ir de excursión con el kayak simplemente por el bien de mis hijos; la estrategia de un padre para instarlos a tener un caminar más profundo con Cristo. Y, para ser honesto, también quería ir a México.

Primero íbamos a ir, después no. después sí, después no. Varios desertaron. Yo casi también. ¿Quién tenía tiempo para eso? Luego me di cuenta de que valía la pena pelear por esa alegría.

Manejamos cerca de seis horas al sur de la frontera de Estados Unidos, en Nogales, por un camino de tierra desconocido que nos llevó al Mar de Cortéz donde nos quedamos para remar cuatro días. El desierto de allí me sorprendió con su exuberante belleza, cactus saguaros por todos lados, ocotillo, mezquite, cholla, un desierto verde y vivo. Y las playas estaban desiertas, que era justo lo que esperábamos. Remábamos a través de la costa por la mañana, y luego armábamos campamento cada tarde, paseábamos buscando caracoles, excavando para encontrar almejas, o arreglando algún partidito de algún tipo. Béisbol, que se transformaba en «el quemado» y que luego se convertía en tirar a alguien al agua.

Y cada día, planteábamos una pregunta sobre la mesa para que cada uno de nosotros se la hiciéramos a Dios en algún momento a solas en la playa. El último día del viaje, la pregunta fue: *¿Cómo estoy, Señor? ¿Cómo creo que estoy, y como crees que estoy?* Yo sugerí esa pregunta para aquel día porque sentí que Dios quería hablar acerca de esa disparidad que existe entre lo que vemos nosotros y cómo nos ve Él. (¿No sería bueno escuchar *eso?*) Pedirle primero que nos revele qué hemos estado creyendo, ayuda a exponer las mentiras, presiones y acusaciones bajo las que hemos estado viviendo sin siquiera saberlo, y hace que la segunda pregunta sea más conmovedora. Una vez que se expone lo que usted ha estado creyendo, es muy poderoso escuchar el antídoto de Dios para eso, escuchar lo que es verdadero.

Deambulé por la playa para tener un poco de espacio y así poder estar completamente presente ante Dios. Me dejé caer en la arena. Me comencé a distraer con toda la madera y las piedras que me rodeaban.

Increíble, ¿Cuánto supone que hace que todo eso está allí? Me pregunto si esa piedra podría servir para un buen collar. Volví en mí y recordé que tenía cosas que preguntarle a Dios. Me dispuse. Detuve mis charlas internas. Entonces pregunté: *¿Cómo pienso que estoy, Señor?, ¿Cómo piensas que estoy?* Y esto es lo que escuché. *Apenas.* Y luego, *en ti.* Las dos frases vinieron sorpresivamente, pareció que venían de la nada. Pero, cuán precisas fueron.

Apenas. Dios mío. No tenía idea de que llegué a creer esto acerca de mí y de mi vida, mi caminar con Dios. Pero al obtener esas palabras para describirlo, mi alma supo al instante que era cierto, eso es, sabía que eso era de lo que yo estaba convencido acerca de mí. Sentía que apenas estaba caminando con Dios. Apenas estaba defendiéndome como padre. Apenas vivía como un buen hombre. Apenas. Sí, eso es lo que parecía real para mí. Seguramente así es como me siento la mayoría de los días y eso había entrado para convertirse en una norma sin que yo me diera cuenta. Hasta ahora.

El *En ti* era aun más sorprendente e intrigante. Luego de escuchar *apenas*, esperaba que Dios me dijera algo más tranquilizador (ya que Él es tan bueno), algo que se dirigiera directamente a *apenas*, quizás algo como: *Lo estás haciendo bien* o *Estoy orgulloso de ti.* Yo me había decidido por: *No, eso no es cierto.* Pero esas palabras no llegaron. En cambio, me dijo: *En ti.*

¿«En ti»? ¿Qué se supone que significa eso? En alguna parte, muy en lo profundo de mi ser, podía sentir consuelo y seguridad en aquella frase, sentí que estaba hablando a alguna necesidad profunda. Pero, no lo entendí en ese momento. ¿«En ti»? ¿Qué hay en mí? Me senté por un momento hundiendo mis pies en la arena de una forma nerviosa, sentado con las dos frases y preguntándole a Dios cuál era el significado de la segunda. (Formúlesela usted también.) *¿Qué hay en mí?*

Yo estoy en ti.

Fracasado. Así me sentí. Totalmente fracasado.

Su enfoque me tomó por sorpresa y me llevó al centro de la cuestión. Así es como funcionó. Había estado tratando de ser un buen padre. De vivir una vida de integridad genuina. De caminar con Dios. Lo cierto es que estaba agotado de querer hacer todo eso, y sentía que apenas lo estaba logrando. Cuando me dijo: *Yo estoy en ti,* de repente, con esa claridad que sólo ofrece el Espíritu Santo, tuve claro que es Su vida en mí la que se supone que debe ser mi esperanza de ser un buen padre, un buen hombre o de caminar bien con Él. Así, de repente, me di cuenta de que mis esperanzas se habían tornado de alguna manera hacia mi integridad y mi habilidad de autodisciplina y automotivación. A soportar. A hacer que las cosas sucedan.

En ti. Miré hacia la costa y me di cuenta que se había acabado el tiempo, vi a los muchachos que se estaban reuniendo nuevamente en el campamento, y yo estaba tan deshecho por lo que Dios me había dicho que sabía que no podía atar eso con un pequeño nudo, así que oré algo así: *Estás en lo correcto. Lo recibo. Perdóname. Quédate conmigo en esto.* (Yo oro: *Quédate conmigo en esto,* cuando sé que llevará algún tiempo hasta que pueda volver a lo que sea que Dios me haya revelado.) Ese fue el último día de nuestro viaje. La mañana siguiente nos despertamos antes del amanecer, empacamos sin siquiera desayunar ni tomar una taza de café, y comenzamos a remar de regreso en la oscuridad. Luego manejamos un largo rato de regreso a Estados Unidos para enfrentar la pila de cosas que se habían juntado desde que nos fuimos.

Pero escribí las dos frases en un pedazo de papel, «apenas», y «en ti», y lo dejé sobre el tablero esperando que lo vería en algún momento del viaje, y así lo recordaría y tendría tiempo para volver al regalo que Dios me había dado.

Dos semanas después, estoy leyendo un poco la Escritura por la mañana. Miro, y mi Biblia se abre en Colosenses 1.27, que está subrayado. (¿Cuándo hice eso? ¿Qué claridad tuve cuando eso me guió a subrayar ese versículo? No tengo idea.) Aquí está el contexto de la carta de Pablo:

> Este es el evangelio que ustedes oyeron y que ha sido proclamado en toda la creación debajo del cielo, y del que yo, Pablo, he llegado a ser servidor... De éste llegué a ser servidor según el plan que Dios me encomendó para ustedes: el dar cumplimiento a la palabra de Dios, anunciando el misterio que se ha mantenido oculto por siglos y generaciones, pero que ahora se ha manifestado a sus santos. A estos Dios se propuso dar a conocer cuál es la gloriosa riqueza de este misterio entre las naciones, que es Cristo en ustedes, la esperanza de gloria. (Colosenses 1.23, 25-27)

«En ti».

Qué increíble. Mi alma se santifica.

Dios me trajo nuevamente a esto. Y se quedó conmigo. «En ti». Esto es tan tranquilizador. Él se queda con nosotros en las cosas que nos está tratando de hablar. Especialmente cuando se lo pedimos.

El poder de la palabra correcta

Cuando Jesús me dijo en la playa de México, *apenas*, primero me sorprendió lo corta que era la frase. Y también me sorprendió su frescura. No la había utilizado. Pero estaba allí. Dio en el blanco. Una frase perfecta para lo que estaba creyendo pero que no sabía que estaba creyendo, y también tenía la cualidad de atormentarme. Me desconcertó. No me gustó. Pero supe inmediatamente que era cierto. Y fue el tipo de expresión que puedo retener sin un lapicero ni un diario a mano, la pude retener varios días en el desierto hasta que llegué a un lugar donde pude escribirla y pensar en ella un poco.

¿No fue eso bueno y efectivo?

Es por eso que me he dado cuenta de lo enriquecedor que es preguntarle a Jesús qué nos está diciendo. Porque Él conoce las palabras precisas que necesitamos oír. Lo que me dirá es exactamente lo que mi corazón necesita oír, serán las palabras justas que transmitan Su significado a mi corazón con una gran precisión. Él le puede hablar acerca del mismo tema, pero elegirá las mejores palabras para que entendamos Su significado y Su espíritu. Porque Él nos conoce y quiere que entendamos no sólo lo que nos dice sino lo que *significa* y el espíritu del significado.

El idioma es importante, porque las palabras y las frases son las que guían al significado, y *este* es lo que nos interesa. Algunas palabras son más exactas que otras. Algunas despistan, porque el significado que le damos es distinto al que el usuario les quiso dar. Por ejemplo, Lucas vino la otra noche de practicar Lacrosse (juego de pelota que se practica en Canadá) y le pregunté cómo le había ido.

—Los destruí completamente —me dijo.

—¡¿En serio?! —le respondí.

—Pero, ¿están bien?

Me miró como si fuera un idiota, como en desacuerdo con el pensamiento de una persona grande.

—Los destruí significa que fue espectacular papi. Significa que destrocé al otro equipo.

— ¡Ah! —le dije—. Bárbaro. Bien hecho.

Y archivé la palabra en mi léxico para tratar con Lucas. *Los destruimos*. Lo tengo.

El conflicto generacional idiomático es el motivo por el cual necesitamos nuevas traducciones para la Escritura. Lo que era profundo y significativo para nuestros antepasados puede parecer extraño o estúpido o aun significar lo contrario para nosotros. Por ejemplo, las Escrituras nos invitan a una intimidad con Dios al igual que lo que un hijo o una hija confiados experimentan con un padre que los ama. «Y ustedes no recibieron un espíritu que de nuevo los esclavice al miedo, sino el Espíritu que los adopta como hijos y les permite clamar: *"¡Abba! ¡Padre!"*» (Romanos 8.15). *Abba* significa «papito», un término cariñoso. Ahora pues, me doy cuenta de que muchas personas todavía deben encontrar esa intimidad con Dios. Y el idioma puede ser parte del problema.

¿Conoce a alguien que se dirige a su padre con la palabra «usted»? Si escucha a alguien hablar de esa forma con su padre, ¿Qué asumiría acerca de su relación? Los amigos nuestros que debían llamar a su padre «Señor» crecían sintiendo una cierta distancia de él. Respeto, pero no intimidad. Especialmente cuando se comparaban con otros hogares y familias en donde llamaban a su padre, papito.

Ahora pues, ya sé, ya sé, la excusa de aquellos que les encanta el léxico que incluye «usted» en la iglesia es algo así: «Debemos aprender la reverencia y el respeto hacia Dios que es superior. El idioma informal les enseña a las personas a ser informales con Dios».

Pero ¿qué de la parábola del hijo pródigo? ¿Y que pasa con «*Abba, Padre*»? Cuando insistimos en aferrarnos a ciertas frases porque nos gusta su tono religioso, en realidad terminamos obteniendo un significado del evangelio muy distinto, hasta a veces opuesto a lo que fue la intención de las Escrituras.

> ¿Cómo hemos aprendido de Cristo? Debe ser un pensamiento alarmante, pensar que lo hayamos aprendido erróneamente. Eso debería ser aun peor que no haber aprendido absolutamente nada de Él: Su lugar lo ocupa un Cristo falso, ¡Difícil de exorcizar! El punto es, si hemos aprendido de Cristo como Él se mostró, o como los hombres lo han mostrado según lo que ellos entendieron, pero que en realidad no lo entendieron… La religión cristiana, a través de la historia, ha estado expuesta a una interpretación equivocada más corrompida. ¿Hemos aprendido de Jesús con exposiciones falsas y lecciones corrompidas acerca de Él, o hemos aprendido de *Él*? (George MacDonald, *The Truth in Jesus*)

Es muy útil darse cuenta de que las palabras y las frases nos brindan un significado certero y un espíritu, porque algunas de ellas abren nuestro corazón al significado que Dios pretendió, mientras que otras palabras y otras frases cierran nuestro corazón a Su significado. Me he dado cuenta durante mis años de consejería de la manera en que un simple cambio de una frase o de la elección de una palabra distinta de repente abre el corazón de alguien, y comienza a llorar sobre un tema al que le hemos dedicado meses de charla. Con la correcta elección de las palabras, la verdad finalmente llega. Penetra. Los alcanza donde tiene importancia.

Pedro dijo acerca de Jesús que tenía palabras de vida eterna (Juan 6.68). Este es un buen examen. Pregunte: *¿En realidad trae vida lo que escuché?* Si no es así, quizás todavía no ha encontrado el significado de Jesús, todavía no ha encontrado las palabras que transmiten el espíritu de Su enseñanza a su corazón en particular. No estoy diciendo que siempre nos gustará lo que Jesús nos dijo, o nos está diciendo. Seguramente Sus palabras traigan convicción y nos molesten. Pero aun así, cuando viene la convicción de Dios, ¿No hay vida en eso? Conocer, encontrar, en algún sentido es un gran alivio, si el espíritu con el que viene también nos ofrece a nosotros, como Dios se ofrece constantemente, una forma de arrepentimiento y perdón.

Apenas y *en ti* fue exactamente lo que necesitaba escuchar. Las palabras penetraron, fueron expuestas, me consolaron y me inquietaron a buscar más, todo al mismo tiempo. Eso es lo hermoso de preguntarle a Dios cuál es Su palabra, personalmente. Y cuando nos encontramos con alguna palabra o frase religiosa en nuestra lectura o en algún contexto religioso, no importa cuán preciosa sea para alguna traducción o cuerpo de creyentes, si transmite un significado y un espíritu distinto al significado y espíritu de Jesucristo, entonces debemos rechazarlo. No adoramos al idioma, adoramos al Dios *viviente*, que nos asegura que Su palabra para nosotros es vida (Juan 6.63).

Terrores nocturnos

Me desperté a las 4:30 de esta mañana. Algo me alcanzó en la profunda felicidad de mi sueño y me sacó fuera de él.

Vientos aulladores estaban desbaratando las coronas de adorno navideñas que cuelgan de la ventana de nuestra habitación. Metal, verdor y piñas arañando el vidrio de un lado al otro. Como algo salido de una película de Hitchcock. ¡Caramba! Y yo necesitaba dormir mucho. Hasta tomé una pastilla para tratar de dormir corrido durante siete u ocho horas. Pero eso no ocurrió. *Otra vez el chillido de la ventana.* Noté una declaración sutil cuando recién me desperté:

Bueno, así se va la noche. Estoy desvelado. No puedo volver a dormir. (La declaración se reforzó por el hecho de que Craig se ha estado despertando a las 4:30 a.m. desde hace algún tiempo.) Pero no, no estaba dispuesto a entregar mi sueño de esa manera. Rechacé la declaración, oré un poco, y me volví a dormitar por otros cuarenta minutos más o menos.

Un par de horas más tarde, al llegar a la oficina, estoy sentado con la intención de escribir, y el pensamiento aparece nuevamente: *Probablemente comenzarás a despertarte a las 4:30 a.m. un montón de veces. Eso ocurre cuando uno se pone viejo. Y en realidad no es tan malo. Puedes vivir con eso.* ¡Dios mío! Maldito Louise. Estos tipos simplemente no se van. Si comienzo a hacer esa declaración, adivine qué ocurrirá, voy a empezar a despertarme a las 4:30 a.m. todos los días, y voy a aceptarlo como parte de volverme viejo y nunca veré al ladrón que me robó mi descanso.

¿Cuántas cosas entregamos al hacer declaraciones sutiles?

Solía tener un sueño tan lindo. Eso era un fuerte para mí. Apoyaba mi cabeza en la almohada y me dormía al instante. Inmóvil hasta que sonara la alarma. Suspiro. Esos fueron aquellos días. Nuestro descanso ha sido atacado durante los últimos ocho años, desde que empezamos con Corazón redimido. Al principio comenzó sacudiendo y moviendo nerviosamente mi cuerpo por ninguna razón. La sensación fue como cuando tenemos esos sueños en los que nos estamos cayendo, o perdemos el último escalón de la escalera, y nos levantamos para compensar, y en realidad el cuerpo nos arranca del sueño. Algo así. Me espanta hasta despertarme, y cuando me despierto, me resulta casi imposible volver a dormirme.

El tema del cuerpo sacudido y moviéndose nerviosamente cesó cuando oramos por eso. Bueno, en realidad luego de algunos *meses* de oración. Pero sobrevinieron otros tipos de ataques, como no poder dormir aunque estuviera profundamente exhausto, o despertar por la noche con un miedo profundo o temor a la habitación, o pesadillas, o despertar temprano en la madrugada (eso es algo sutil, porque en realidad dormí y es temprano en la mañana, entonces quizás simplemente comenzaré el día bien temprano). *Pero,* los conocerá por sus frutos. El fruto era agotamiento, falta de motivación, disminución de la alegría y del entusiasmo por el resto de las cosas de la vida. Me suena a ladrón.

Cuando usted tiene problemas para dormir, las personas empiezan a sugerir. «Cuando el enemigo te despierte, vence sus propósitos levantándote y leyendo la Biblia. A él no le gustará eso y dejará de despertarte». Lo intenté. Terminé completamente exhausto, conociendo vagamente el libro de Josué, y cansado para hacer cualquier otra cosa en el día. «Escucha esta canción, es una muy dulce acerca de que Jesús te cubre en tu sueño». La probé. No fue una medicina lo suficientemente fuerte para los demonios con los que estamos tratando. Una hermosa canción, un hermoso pensamiento, pero totalmente sin efecto.

Comenzamos a buscar sobre guerra espiritual y empezamos a experimentar con la oración. Encontré un poco de ánimo en el hecho de que Pablo anotaba al insomnio como una de las cosas que debía enfrentar: «Más bien, en todo y con mucha paciencia nos acreditamos como servidores de Dios: en sufrimientos, privaciones y angustias; en azotes, cárceles y tumultos; en trabajos pesados, desvelos y hambre» (2 Corintios 6.4-5). No es exactamente un listado de regalos que pediría para Navidad, pero ayuda para saber que no estamos evadiéndolo cuando ocurren este tipo de cosas.

Silencio. Ese sentimiento casi siempre me golpea cuando estoy bajo algún tipo de ataque espiritual, siento como si lo hubiera arruinado. Es por mi causa. He hecho algo para que venga. Hacer esto es como ser el enemigo, a la herida le agregamos insultos. Nos golpea cuando estamos mal. Nos golpea y nos culpa por eso. De cualquier manera, ver el insomnio en la lista de batallas de Pablo en realidad me trae seguridad. De acuerdo. Esto es sólo parte del trato.

Ahora ocúpese de esto.

Stasi y yo debemos orar veinte minutos antes de irnos a dormir, o no obtenemos la oportunidad de ver la tierra de nunca jamás. Pero realmente ha marcado la diferencia. Ahora podemos dormir, gracias a Dios. No todo el tiempo, no como en los viejos tiempos en los que nos tirábamos sobre la almohada sin siquiera un «Padrenuestro» y dormíamos de corrido toda la noche. Algunas noches nuestras oraciones son sólo una vez (recuerde a Elías), y debemos orar nuevamente durante la noche.

La oración es algo así: Primero, me doy cuenta de que necesito ser restaurado y renovado en Jesús al finalizar el día. Me gustaría que no fuera de esa manera, pero todavía no he aprendido a aguantar en Cristo todo el día, cada día. Deambulo. Creo que todos lo hacemos. Me esfuerzo, me doy el gusto, me olvido. Quedo todo estrujado. Tiene que ver con «permanece en mí». No he podido arrancarlo día tras día. Entonces comienzo a la hora de dormir ofreciéndome a Jesús una vez más, volviendo bajo Su autoridad y cobertura. El único lugar seguro en donde estar. Y limpio y santifico mi hogar también. Es un acto de consagración. Reconsagración.

Mi querido Señor Jesús, vengo a ti para ser restaurado en ti, para ser reno-vado en ti, para recibir tu amor y tu vida, para refugiarme en ti. Te honro como mi soberano, y rindo cada aspecto de mi vida total y completamente a ti. Te doy mi cuerpo, mi alma y mi espíritu; mi corazón, mi mente y mi voluntad. Me cubro con tu sangre, y le pido a tu Espíritu Santo que restaure mi unión contigo, me renueve en ti, y me guíe en este tiempo de oración. (A veces agrego «mi imaginación» o «mi sexualidad» si siento que necesito consagración en esas áreas. Y como tenemos hijos, consagramos a nuestros hijos también.)

Traigo el reino de Dios y la autoridad del Señor Jesucristo sobre mi hogar, mi habitación, mi sueño, todo lo que pase a través de las horas durante la noche y el nuevo día. Traigo la completa obra del Señor Jesucristo a mi hogar esta noche, el clima en cada habitación, sobre cada objeto y mueble, todos los medios, sobre el techo, las paredes y pisos y todos los lugares, desde la tierra debajo al techo de tejas y las fronteras de mi dominio.

Luego traigo la completa obra de Cristo entre mi persona y todos con los que he estado durante el día. Pablo dice que a través de «la cruz de nuestro Señor Jesucristo… el mundo ha sido crucificado para mí, y yo para el mundo» (Gálatas 6.14). Es bueno anunciar eso, aplicarlo al finalizar cada día. Esta oración protectora es buena debido al tema del virus de computadoras, su guerra debe haberle salpicado sin que usted se haya dado cuenta, y seguro que no quiere todo eso dando vueltas en su habitación.

Y en la autoridad de Jesucristo traigo la completa obra de Jesucristo entre todas las personas y yo ahora, sus espíritus, almas y cuerpos, su pecado y su guerra (y nombro a esas personas).

Al orar esto escucho a Dios, permitiendo que traiga personas a mi mente, que quizás necesite traer específicamente la cruz de Cristo entre nosotros. Me olvidaré completamente que hace tan sólo cuatro horas estuve aconsejando a alguien que estaba luchando con pensamientos de suicidio y depresión, y definitivamente no quiero eso aquí esta noche. Luego traigo la obra de Cristo en contra de toda brujería. Los ritos paganos y los rituales están de regreso y fortalecidos estos días, y hay un montón de brujería levantada en contra de la iglesia, maldiciones, rituales, cosas de ese tipo. La cultura en la que vivimos ahora es como el Egipto o la Babilonia del Antiguo Testamento. Lo extraño está vigente. El demonio está. Pero no es algo de lo que debamos asustarnos, no se diferencia de lo que cualquier misionero de Uganda o Brasil debe tratar.

Ordeno el juicio del Señor Jesucristo sobre todo poder malvado o magia negra. Traigo la cruz y la sangre de Cristo, traigo Su resurrección y Su vida, Su autoridad gobernante, y Su dominio en contra de todo embrujo, confusión y encantamiento. En contra de todo hechizo, todo ritual y artimañas de rituales, todo ritual satánico, y toda artimaña de ritual satánico. En contra de todo perjuro, dedicación y sacrificio. En contra de toda palabra, todo juicio, y toda maldición. Lo envío todo al abismo con la autoridad de Jesucristo y en Su nombre.

Luego, traigo la obra de Cristo en contra de todo espíritu malvado, nombrando a aquellos que sé que me han estado atacando. Cada uno de nosotros tiene una lista de sospechosos comunes, si lo pensamos. Para algunos es el miedo, el desánimo, la depresión. Para otros es más del tipo de enojo, furia y codicia. Para el resto la lista crece y comienza a verse como una colección de todo lo que el infierno posee para ofrecernos. Nombrar esas cosas es importante. Adán tuvo la autoridad de nombrar las cosas y, de esa manera, ejerció algún tipo de autoridad sobre ellas. Aquí se mantiene el principio. Está tratando con espíritus distorsionados que no tienen ninguna intención de ceder. Cuanto más específicos y directos seamos, mejor (vea Marcos 5.1-13).

> *Ahora traigo la obra del Señor Jesucristo y lo completo de Su obra en contra de Satanás y su reino. Traigo la cruz, resurrección y ascensión, de Jesucristo en contra de todo espíritu malvado e impuro, cada gobierno, poder, autoridad y fuerza espiritual de maldad (Efesios 6.12). Ordeno que todo espíritu malvado e impuro sea atado fuera de mi hogar y de mi casa (recuerde, «atar al hombre fuerte»), juntos con todos sus subalternos, respaldos y reemplazos, con la autoridad del Señor Jesucristo y en Su nombre.*

Nuevamente, esta es sólo la estructura de la oración. Al orar escucho a Jesús, porque lo que me asediaba ayer puede ser reemplazado por algo para hoy. Termino trayendo el reino de Dios y la autoridad de Jesucristo sobre mi hogar y mi familia y sobre todas las horas en la noche. Le pido a Dios que envíe a Sus ángeles para que nos protejan.

> *Anuncio el reino de Dios sobre mi hogar y mi casa esta noche. Convoco a los ángeles del Señor Jesucristo y les pido que armen un escudo de protección sobre mi hogar y sobre mí (Hebreos 1.14). Le pido a tu Espíritu que llene mi hogar con tu presencia y que interceda por mí en la oración esta noche. Oro todo esto en el poderoso nombre del Señor Jesucristo, para Su gloria. Amén.*

Esta es la versión corta, el resumen general. Lo ofrezco esperando que le sea útil. Temo que piense que estoy loco.

Sí, es fastidioso hacer esto. Especialmente cuando llega a su casa tarde y todo lo que quiere hacer es irse a dormir. Sí, no lo hará cada noche durante meses y años. Tengo amigos que luchan con su sueño pero no oran al respecto. Lo entiendo. Hay muchas noches en las que me gustaría no tener que hacerlo. Pero vale la pena. Primero, recuperará parte de su sueño. Quizás todo. Y también, lo hará santo. Venir a Cristo y reordenarse con Él al finalizar el día cuando *está* completamente exhausto y *no* quiere orar, tiene un efecto de santificación.

(Visite www.walkingwithgod.net)

Dolor

Me he dado cuenta de que estoy soñando mucho despierto últimamente.

Pienso en comprarme nuevos anteojos de sol, negociar el siguiente contrato con mi editor, comprar un tractor o quizás comprarme unas gafas de esquí bien modernas como pidieron Sam y Blaine para Navidad. Se siente como si estuviera alcanzando algo. No soy un comprador por naturaleza. ¿Qué rayos es lo que quiero alcanzar? ¿Será que dejar el alcohol sacó esto a la luz? ¿Toda la alegría en una botella? ¿Paralizó algún dolor en mi alma? ¿Algún vacío? ¿No es por eso que la mayoría de las personas toman, para obtener un poco de alegría y paralizar el dolor sin siquiera admitir que lo están haciendo? ¿Cuánto tiene que ver esto con no tener algo que esperar?

¿Es eso Señor Jesús lo que le ocurre a mi corazón? Me siento triste.

Sé que fui pensado para el Edén. Sé que no tengo nada cercano a eso en mi vida. La mayor parte del tiempo utilizo los negocios para tapar los anhelos de mi alma, tomar alguna distancia entre estos y yo. Pero entonces me doy cuenta de que estoy soñando despierto sobre algunas cosas. Siempre vuelvo al asunto: ¿Qué puede haber ahí para mi corazón?

Jesús consuela mi corazón en esto. Sé mi compañero. Mi compañero constante.

¿Amo mi vida? ¿Aunque sea, quiero responder esa pregunta? Aparecen las lágrimas. Pero siento como si estuviera pisando el borde de una saliente de montaña. Siento como que estoy viviendo «evitando que me vaya mal en la vida». Me esfuerzo, hago las cosas, salgo adelante, porque nadie más lo hará. ¿Por qué mi corazón no está comprometido mientras escribo esto? No creo que haya encontrado las palabras correctas todavía. Es como que me estoy aclimatando, pero todavía no del todo.

Entonces aparece la guerra. Me he preguntado qué está haciendo en mí el precio del ataque diario. ¿Cómo se sienten los soldados en una guerra prolongada como la de Vietnam? Hay muchos días en los que parece algo bueno estar libre de la opresión, tentación o prueba de algún ataque físico. Sé que esto es importante, más de lo que yo me doy cuenta, porque sé que subestimo mi voluntad de soportar.

De acuerdo. Esa palabra me suena. Hasta me duele. *Soportar.* Subestimo mi voluntad de soportar. Esto se siente como la fuente de mi dolor. Pongo mis manos sobre mi cabeza durante un largo rato. Creo que esta es la cualidad que más me gusta acerca de mí, o que me hace sentir más noble, y es mi voluntad para soportar. Y creo que se está convirtiendo en algo no tan noble. Quizás en algo destructivo.

Jesús, ven aquí. Ven aquí. ¿Qué quieres decirme con esto, o acerca de esto?

Un gran silencio. ¿Soy capaz de escuchar a Dios con respecto a esto? ¿Es muy grande, demasiado cercano?

Todo este tema de *soportar*, definitivamente es difícil. Sé que me encuentro ante algo grande aquí. Hay muy poco espacio para la alegría en mi vida cuando vivo de esta manera. No hay mucha alegría en *soportar*. Estoy tratando de entender esto. ¿De dónde provino? ¿Tiene que ver con el pecado? ¿Con las heridas? ¿Cuán profundo está esto dentro de mí? Creo que existe mucha incredulidad detrás de eso de soportar; como mi convicción de que como nunca nadie estará ahí, entonces yo debo hacer todo. También se siente como la caída de Sansón, encontramos una cualidad o fortaleza que nos ayuda a vivir, y la levantamos como un ídolo, ponemos toda nuestra confianza y esperanza en ella. Para algunos es su inteligencia. Para otros, su habilidad de hacer felices a otras personas. Para mí, ha sido mi voluntad para soportar.

Pero una vez que hacemos un ídolo de esta fuerza o cualidad y nos volcamos a eso en busca de seguridad, se convierte en nuestro punto débil, aquello que no queremos que nadie mire o interfiera. Ni siquiera Dios. Y, al fin, se convierte en nuestra ruina.

Jesús, no quiero decir que este sea un tema inaccesible. Puedes hablarme acerca de esto. Y quiero que lo hagas. Te invito a que lo hagas.

Motivo

Volvamos a algo que es básico en nuestra búsqueda de Dios y en la transformación que Él siempre busca en nosotros, todo lo que hacemos tiene alguna razón, un motivo.

Dentro de la comunidad cristiana solemos enfocarnos en el comportamiento, y eso por un lado está bien pero también está mal. Por supuesto que importa lo que hagamos. Es importante cómo tratamos a las personas. Es importante si mentimos, robamos o adulteramos. Nuestras acciones tienen enormes consecuencias. De cualquier manera, según Jesús, la santidad es un tema del corazón. Esto es lo esencial en el famoso Sermón del Monte. Jesús pregunta: «¿Por qué oran, para parecer santos? ¿Por qué dan, para parecer generosos? ¿Por qué ayunan, para impresionar a otros?»

Cuídense de no hacer sus obras de justicia delante de la gente para llamar la atención. Si actúan así, su Padre que está en el cielo no les dará ninguna recompensa.

Por eso, cuando den a los necesitados, no lo anuncien al son de trompeta, como lo hacen los hipócritas...

Cuando oren, no sean como los hipócritas, porque a ellos les encanta orar de pie en las sinagogas y en las esquinas de las plazas para que la gente los vea...

Cuando ayunen, no pongan cara triste como hacen los hipócritas, que demudan sus rostros para mostrar que están ayunando. Les aseguro que éstos ya han obtenido toda su recompensa. Pero tú, cuando ayunes, perfúmate la cabeza y lávate la cara para que no sea evidente ante los demás que estás ayunando, sino sólo ante tu Padre, que está en lo secreto; y tu Padre, que ve lo que se hace en secreto, te recompensará. (Mateo 6.1-2; 5, 16-18)

Jesús está sacando el tema de la bondad genuina del exterior al interior. Está llevándonos nuevamente al motivo. Si le seguimos en esto, abrirá campos de bondad en nosotros.

Si somos honestos con nuestras obligaciones.

Me he dado cuenta de que en los retiros que hacemos, cuido de ser bueno y atento con las personas. ¿Por qué ocurre eso? Podría ser amor. Pero ¿puede ser también que quiero que me *vean* que soy atento y bueno? He dedicado mucho tiempo a este libro. ¿Por qué? ¿Es para presentar la verdad lo mejor que pueda o para impresionarlo a usted, para que piense bien de mí, para evitar la vergüenza?

Usted debe decirle algo a su amigo o compañero, y elige enviar un e-mail. ¿Por qué? ¿Es porque podrá entenderlo mejor o porque es más simple disparar un dardo a distancia?

Somos fieles al asistir a la iglesia. ¿Por qué? ¿Es porque realmente estamos adorando a Dios o porque sabemos que nos criticarán si no lo hacemos? Odiamos la confrontación, y nunca damos nuestra opinión en una reunión. ¿Por qué? ¿Es humildad o es para agradar a todos? Queremos que nuestros hijos se comporten en público. ¿Por qué? ¿Será porque ellos son un fiel reflejo nuestro? ¿Y con respecto a la vestimenta que elegimos? ¿Es porque nos gusta? ¿O es porque los demás pensarán que somos buenos, sensuales o fuertes, o porque queremos adaptarnos desesperadamente y nos mortifica pensar lo que otros puedan decir?

Todo lo que hacemos tiene un motivo.

Ahora bien, lo que la mayoría de las personas no se dan cuenta es que lo que decimos que es nuestra personalidad, tiene motivos muy profundos también. Llámelo su enfoque de vida. ¿Alguna vez se ha preguntado qué hay detrás de este? Como ya he dicho, puedo ser un hombre muy impetuoso. Algo de eso tiene que ver con las heridas de mi niñez. Yo me encontraba solo. Pero parte de eso también tiene que ver con mi respuesta pecaminosa a esas heridas, mi decisión de arreglármelas solo. No necesitaré a nadie. Ni siquiera a Dios.

Algunos suelen ser muy amigables. (Eso es algo que no logro que me ocurra.) ¿Es eso un optimismo natural o es la personalidad que está dominada por algún miedo o rechazo? Usted dice que no es una persona organizada, ahora, eso puede ser cierto, pero ¿cómo funciona eso? Es muy conveniente poner la carga de la organización en otros.

Conozco hombres que dicen que simplemente no se sienten cómodos estando afuera, que no les gusta todo eso que tenga que ver con estar afuera. Ahora bien, puede ser un tema de preferencia, pero ¿cómo funciona para ellos? Quizás no quieran estar expuestos y ser evaluados. Quizás sea miedo de no ser un verdadero hombre el quedarse en casa.

Escucho mujeres que dicen: «Yo no me meto en todas esas cosas que hacen las mujeres, vestidos, belleza y todo eso». Puede ser cierto. Puede ser que sean más del estilo marimacho. Entonces de nuevo, ¿Cómo funciona eso para ellas? ¿Pueden evitar enfrentar cuestiones de inseguridad y dudas acerca de su femineidad?

Todos tenemos un enfoque de la vida y todos creemos que está perfectamente justificado. Pero ¿estaría dispuesto a echar un vistazo?

Muchas personas que conozco nunca han considerado que su *personalidad* tenga un motivo y que quizás no sea noble. «Soy así». Quizás. Pero permítame interrumpir. La Escritura dice que «todo lo que no se hace por convicción es pecado» (Romanos 14.23). Usted puede decir: «A mí simplemente no me gusta la confrontación», cuando en realidad lo que ocurre es que le aterra lo que pueda pasar con la relación si confronta a la otra persona. Su negación a la confrontación se basa en el miedo. Y en la incredulidad. Y que todo lo que no proviene de la fe proviene del pecado.

Ahora bien, no estoy diciendo esto para que termine con desesperación y remordimiento. Usted puede estar pensando: *Soy un desastre. Soy una pesadilla de motivos torcidos. ¿Quién sabe qué es todo lo que está dentro de mí? ¿Cualquier cosa que no provenga de la fe es pecado? Todo mi enfoque de la vida es sospechoso.* Probablemente. Saque un número. Es así para todo el resto de nosotros. Eso está bien. Usted está perdonado. Dios ha sabido bien sus motivos durante años, y aun así ha estado con usted. ¿No es totalmente amable y paciente? Pero ahora usted tiene la oportunidad de ser transformado de una forma realmente genuina.

Nuestros motivos son una categoría esencial a considerar cuando estamos aprendiendo a caminar con Dios. Aunque estoy escuchando Su voz, estoy viendo mis propios motivos. ¿Qué ocurre dentro de mí? ¿Estoy dispuesto a escuchar lo que sea que Dios tenga que decirme? Al ceder, arrepentirme y darle mi personalidad a Dios, la línea de comunicación se abre. Nos acercamos.

O mejor dicho, yo me acerco.

Sane el pasado

Pensé que la invitación que le hice a Dios para que se encargara de mis motivos, y de su conexión con el dolor de mi corazón, iba a llevarme a alguna búsqueda del alma complicada, y me imaginé que me llevaría a otra vuelta de arrepentimiento.

Pero, Dios me sorprendió a través de la sanidad.

La otra noche la pandilla organizó una fiesta para mí, para celebrar que salió a la venta un libro que escribí. La tarde fue pasando y se acercaba la hora de la fiesta, y me encontré que estaba cada vez más nervioso. No me sale bien hacer fiestas. No me gusta ser el centro de atracción. Pero hay algo más, siento como que hay cierto dolor por la alegría que puedo recibir en una fiesta como esa, esperando ese momento trascendente. Luego termino tomando alcohol, porque no encuentro esa alegría.

Sentí que necesitaba un tiempo de oración de antemano para preparar mi corazón. No quería que me gobernara el miedo. Quería estar bien para ese momento. Lo que comenzó con un simple: *Jesús ayúdame esta tarde, dame algo de qué aferrarme*, se convirtió en un tiempo más extenso de oración acerca de mi postura con respecto a las fiestas en general. En mis tiempos de secundaria yo era muy fiestero y asistí a muchas fiestas pesadas. Nos conocían por nuestra experiencia en cuanto a las festividades. De cualquier manera, tengo algunos recuerdos mezclados de ese tiempo. Estábamos todos buscando ese momento trascendente. Sabíamos que debía haber algo más en la vida que la clase de química del profesor Blagstop, y estábamos desesperados por encontrarlo. Buscamos en lugares bastante oscuros.

Al orar acerca de todo esto, comencé a pedir perdón por las cosas que ocurrieron durante esos años. No me estaba arrepintiendo de mi búsqueda de alegría, sino de los lugares a los que me llevó eso. Después me encontré orando en contra de la desesperación como una cuestión mayor. Déjeme explicarle. No crecí en un hogar cristiano. Mi papá atravesó varios años sin empleo y así comenzó a tomar alcohol. Mi mamá comenzó a trabajar nuevamente. En la época en la que yo estaba en la secundaria, mi familia se había separado. Al orar acerca de esos años, comencé a darme cuenta de que el derrumbe de mi hogar fue lo que me llevó a buscar esas cosas. Es como si habiendo hecho un pacto con la desesperación, comencé a ir a esas fiestas para sentirme bien y besar chicas, aferrándome a eso para llenar el dolor con algo.

Sentí que el Señor me decía: *Renuncia a la desesperación.* Entonces lo hice. *Renuncia a volver a las mujeres y al pecado sexual.* Así lo hice. *Y a volver al alcohol y a las drogas.* Oré: *Oh Jesús, sí, renuncio a todo. Te pido perdón. Límpiame. Vuelve a esos años conmigo y santifica mi corazón.*

La sanidad interior puede describirse como una santificación del pasado, invitando a Jesús a los sucesos y relaciones, porque por una u otra razón no lo invitamos en esos tiempos. Me encanta ese pensamiento, santificar el pasado. Ahora que estamos caminando con Jesús, podemos invitarlo a nuestro pasado y caminar ahí con Él. Mucho de nuestros corazones y de nuestras convicciones fueron formados «en ese tiempo». Oh, cómo me gustaría haber sido cristiano en la escuela secundaria y haber caminado con Dios durante esos años. Pero no lo fui, por eso le pido a Cristo volver a esos eventos y relaciones al emerger los recuerdos o cuando algo como esta fiesta remueve anhelos familiares como aquellos que sentí en esos momentos.

Ahora me doy cuenta de que durante los últimos seis meses, Dios me ha estado llevando a mi tiempo de secundaria. Sólo hoy tuve un momento que tocó algo en mí y abrió una puerta para sanar más. Más santificación. Hace algunas semanas me compré una camioneta diesel. Tengo cuarenta y seis años, pero fue la primera vez que me compré un auto porque lo quería, porque me gustaba, no porque lo necesitara la familia. Una camioneta le da al hombre algo que una minifurgoneta no. De cualquier manera, una joven que trabaja para nosotros andaba conmigo para ir a ver a nuestros caballos. Al subirse a mi 4x4, le encantó. Estaba fascinada, exclamó: «¡No tenía idea que el interior era así!» y después, al encender el motor, suspiró y dijo: «Me encanta el sonido del motor diesel».

Me sentí como «El macho».

Ahora, eso no tenía nada que ver conque comenzara un romance. Tenía que ver con el pasado. Cuando yo tenía quince años, en una de esas fiestas imprudentes de sábado por la noche, un par de amigos y yo nos llevamos el auto de mis padres. Ellos se enteraron y su reacción fue establecer un decreto: Nunca obtendría mi permiso para conducir hasta que tuviera dieciocho años. No fue disciplina; fue un castigo. Fue demasiado. Sin auto, no iría manejando a la escuela. Fue como si me hubieran *castrado*. Si quería ir a visitar a una chica, tenía que ir en bicicleta hasta su casa. Qué idiota. Si quería hacer una cita para salir, ella tenía que manejar. Qué niñito. Tenía que suplicar que me llevara un amigo a la escuela. Qué debilucho. Nunca vi cuánto me debilitó eso hasta el día de hoy.

Bueno, finalmente, me compré una camioneta como la quería, con mi propio dinero, y con una linda chica encantada con mi auto. Fue una experiencia novedosa. Lo que atrajo mi atención fue este pensamiento o emoción que salió de mi corazón: *No soy un idiota.* ¡Qué bárbaro! ¿Durante cuánto tiempo había estado eso ahí? Treinta y tres años. Desde la secundaria.

Hugh Calahan manejaba un Camaro amarillo y negro muy encantador. Andaba rápido. Danny Wilson tenía una camioneta a la moda con suspensión, y recuerdo que le cambió algo a él cuando la compró. Él cambió. Se veía más alto, tenía la sensación de ser «El macho». Estaba seguro de sí mismo. Yo nunca en la vida tuve algo así. No tenía dinero, no tenía ruedas, no tenía fuerza. Cómo me hubiera gustado entrar al estacionamiento con mi camioneta diesel. Cómo me hubiera gustado invitar a una chica a salir y aparecerme en su casa para llevarla. ¿Cómo habría sido eso?

Luego, en un tiempo de quietud, le pido a Cristo que me revele esto. *Jesús, ven en esto. Sana esta temporada de mi vida, esta debilidad. Sana esta herida en mí.* (Cuántos hombres cometen el error de pensar: *¿Solamente necesito tener esta linda chica?* Eso no tiene que ver con la chica. Es la sanidad que necesitamos. Ella fue sólo el medio que Dios utilizó para traer la cuestión a la luz.) Al orar acerca de esto y escuchar a dónde me está guiando Dios, me veo a mí mismo. Estoy de vuelta en la escuela secundaria. Pero soy cristiano. Ya no fumo más. Jesús está conmigo. Estoy ingresando al estacionamiento con mi camioneta diesel. ¿Cuán hermoso es eso?

Cristo puede sanarnos el pasado.

(Visite www.walkingwithgod.net)

El regreso a la intimidad

Hoy es el día de Año Nuevo.

Ahora bien, no me gusta ese día. Nunca he hecho resoluciones. No me gusta mucho festejar. Me refiero a, ¿Para qué es la fiesta? Un año termina, uno nuevo comienza. Supongo que de haber tenido un año espectacular, sería una razón para celebrar, para adorar a Dios por ello. Y pensándolo bien, supongo que de haber tenido un mal año, sería una razón para celebrar el hecho de que ha terminado. Pero al ver cómo la mayoría de las personas celebran la víspera de Año Nuevo, siempre me ha parecido que es un intento hueco por generar un momento trascendente, algo de lo que las personas se agarran cuando necesitan sentir que está ocurriendo algo especial porque su año anterior no fue tan memorable y quizás, sólo quizás, el año que viene sí lo será. La esperanza es lo último que se pierde.

No me malinterprete, creo que los hitos son importantes, y desearía que nosotros, los cristianos posmodernos, tuviéramos una tradición mucho mejor de los días santos, de los días festivos, de los días para recordar, etc. Casi todo eso se ha perdido. Casi ningún evangélico tiene el concepto de los días santos y mi experiencia entre católicos y episcopales es que han olvidado lo central de la ceremonia que todavía guardan. (No todos, por supuesto. Estoy hablando en general.)

De cualquier manera, nuestra familia le prestó atención a las cuatro semanas de adviento este año, intencionalmente. Eso fue muy significativo, apartar un mes para reflexionar acerca de la venida de Cristo a la tierra y todo lo que significó y consiguió, y para alzar nuestra mirada al horizonte al buscar su regreso. La Navidad se merece un mes, no sólo un día. El adviento tiene una gran influencia, se lo merece. Comparando la Navidad con Año Nuevo, este sale muy débil.

Me parece que existen muchos más hitos cuando hay alboroto y parranda. ¿Qué ocurre cuando terminamos el año lectivo y comenzamos las vacaciones de verano? Esa sí que es una fiesta que vale la pena. Vale la pena celebrar los cumpleaños. También los aniversarios. Después de todo, un año de matrimonio es toda una hazaña. El hecho de que no se hayan matado mutuamente, es algo para celebrar. Volviendo al Año Nuevo, estaba encantado de poder irme a dormir a las 10:00 de la noche este año. Pude dormir toda la noche (gracias a la oración), me desperté renovado, y no sentí que me hubiera perdido algo.

Ahora bien, sí tengo algunos amigos que eligen la ocasión en la que termina el año para reflexionar un poco. Se ponen a mirar su calendario familiar o personal y comienzan a evaluar lo que ocurrió. Creo que sí vale la pena detenerme y preguntarme a mí mismo: *¿Cómo quiero que sea este año? ¿Qué quiero cambiar?*, ese tipo de cosas. Todo lo que pueda ser saludable. Eso de quedarme despierto hasta la medianoche con gorros de papel y tomando mucho ha perdido su atractivo.

Pero esta mañana le estaba preguntando a Dios cuál era Su palabra para este Año Nuevo, si quería decirme algo, elegir una temática, y para mi sorpresa, escuché inmediatamente: *Intimidad*. Casi antes de que terminara mi pregunta. *Intimidad* entre Dios y yo. Sí. Eso suena muy bien. La intimidad será un cambio, y una bienvenida.

Un cambio para «Ataca el día» y «Haz las cosas» y aun el más noble «Soportar».

Quizás sea que quiero vivir desde el corazón de la vida, la fuente de la que todo el resto fluye.

No todos los evangelios son iguales

Me encontré con una pareja en el supermercado el fin de semana. Los conozco quizás desde hace diez años; solíamos ir a la misma iglesia. Estaba empujando el carrito por el pasillo de lácteos cuando escuché a alguien decir: «¡John!» Fue uno de esos momentos vergonzosos cuando viejos conocidos me conocen bien y yo casi no me acuerdo de ellos. Pero debido a la vida que llevo, no me puedo acordar de sus nombres, entonces les devuelvo un, «¡Hola!» con entusiasmo para cubrirme. Hablamos por un momento, pero lo que fue dolorosamente obvio (por lo menos para mí) fue que no seguíamos en la misma página. Ellos parecían atrapados en un tiempo congelado, aún preocupados con las mismas viejas cuestiones, aún asistiendo a la misma iglesia, aún utilizando el mismo antiguo léxico. Lo que pretendimos mantener por algunos momentos fue algo así como «Seguimos en el mismo viejo bote ¿no?» Como en los viejos tiempos.

Pero ya no es así, y durante el resto del día me sentí incómodo, aunque no podía explicarme porqué. Ahora creo que tengo un poco de claridad, pero me incomoda ponerlo en blanco y negro por miedo a que me malinterpreten.

No todos los evangelios son iguales.

Hemos caído víctimas de la idea de que es malo hacer distinción entre los movimientos de la cristiandad o de las iglesias o de los cristianos. Después de todo, sabemos que está mal juzgar. Jesús dijo: «No juzguen a nadie, para que nadie los juzgue a ustedes» (Mateo 7.1). A propósito, este es un buen mandamiento. Estoy a favor de eso. Pero el significado de esta advertencia se ha torcido en algo más. Me doy cuenta de que muchos cristianos están incómodos, hasta son incapaces de distinguir entre las iglesias y los evangelios. Y les incomoda decir que una es mejor que la otra. Recuerdo dos conversaciones que tuve con dos amigas distintas.

La primera fue con respecto a una escuela cristiana, y el comentario que hice fue: «No entienden». A lo que me estaba refiriendo era a tres cuestiones, que el corazón es central para la vida cristiana, que estamos invitados a tener una intimidad en la conversación con Dios y que la guerra espiritual es real. Categorías bastante centrales. Me refiero a que no estábamos hablando acerca de la longitud de la túnica de Jesús o de cuántos ángeles pueden bailar sobre la cabeza de un alfiler. Lo que usted crea acerca de esas cuestiones profundas, formará el resto de su experiencia cristiana. Mi amiga, que era de alguna manera leal a la escuela, estaba realmente molesta. «No está bien que digas eso», me dijo. «Es una postura arrogante». Ahora bien, estoy seguro de que se puede decir de una forma arrogante, pero no estaba siendo de esa manera en lo más mínimo. Estaba haciendo una observación, explicando por qué no quiero recomendar personas a esa escuela.

¿Qué piensa? ¿Está bien o mal hacer observaciones de esa clase? ¿Y manifestarlas?

La segunda conversación, con otra amiga, fue así: Ella estaba hablando acerca de una iglesia a la que habíamos asistido los dos, en particular acerca del ministerio de las mujeres (que ella conocía también), y cómo el programa de estudio bíblico que tenían se enfocaba en las tareas y las obligaciones, con una buena dosis de legalismo. Ella dijo: «Eso es lo último que las mujeres necesitan en sus vidas, más culpa y vergüenza. Están guiando a las mujeres a la esclavitud». Inmediatamente después de haber hecho este comentario dijo: «No debería haber dicho eso. Está mal juzgar. Ahora probablemente Dios caerá sobre mí». Su cambio repentino hizo que mi corazón se debilitara. Primero, ella tenía razón acerca del ministerio de las mujeres, y que yo sepa nadie había dicho algo así. Era *necesario* que alguien lo dijera. Y segundo porque retractarse de inmediato fue un síntoma clásico de la creencia que estoy describiendo.

Sí, Jesús nos dijo que no juzgáramos. El contexto es el Sermón del Monte. Él estaba enseñando a sus oidores judíos, personas a las que les habían enseñado durante años que la rectitud se basa en lo externo, que existe una rectitud mayor que proviene del corazón. Y decía cosas como: «No piensen que han cumplido con el espíritu de la ley sólo porque no han asesinado a nadie, ¿Odian a sus hermanos? No piensen que han cumplido con el espíritu de la ley sólo porque nunca han cometido adulterio, ¿Lo cometieron en sus corazones?» Él está modernizando su modo de ver la santidad.

Cuando se trata de juzgar a otros, el texto dice así:

> No juzguen a nadie, para que nadie los juzgue a ustedes. Porque tal como juzguen se les juzgará, y con la medida que midan a otros, se les medirá a ustedes.
>
> ¿Por qué te fijas en la astilla que tiene tu hermano en el ojo, y no le das importancia a la viga que está en el tuyo? ¿Cómo puedes decirle a tu hermano: Déjame sacarte la astilla del ojo, cuando ahí tienes una viga en el tuyo? ¡Hipócrita!, saca primero la viga de tu propio ojo, y entonces verás con claridad para sacar la astilla del ojo de tu hermano.
>
> (Mateo 7.1-5)

Cuando usted vive bajo un sistema de reglas y regulaciones, es fácil pensar que es recto porque está cumpliendo esas reglas. Es muy tentador sentirse mejor consigo mismo al comparar su habilidad de cumplir con la de otro que no lo está haciendo tan bien. «Yo siempre llego a tiempo al trabajo. Este Jones es un holgazán; siempre llega tarde». Lo que usted no sabe es que Jones tiene una hija autista que debe llevar cruzando la ciudad a una guardería, y usted, mi arrogante presumido, vive a cinco minutos del trabajo. Cuando se trataba de verdadera santidad, Jesús decía: «Es la condición de su corazón». Ahora bien, Él habló acerca del tema de fijarse en la vida de los otros. Fíjese que no dijo: «Nunca testifique si hay una paja en el ojo ajeno». Él dijo: «Primero encárguese de su vida, y luego podrá ayudar a otros a que se encarguen de las propias».

La mayoría de los cristianos conoce el pasaje, pero cree que significa: «Nunca se permitan pensar que ustedes están bien y que los demás están equivocados». Pero, ¿Cómo sabremos cuando estamos en lo correcto? ¿Y cómo ayudaremos a alguien que *está* equivocado?

Jesús también dijo: «No juzguen por las apariencias; juzguen con justicia» (Juan 7.24). Espere un momento. Ahora Jesús les está diciendo a Sus seguidores que juzguen, y que lo hagan cuidadosamente. El contexto del pasaje es cuando Jesús sana a un hombre ciego un sábado y los líderes judíos se enojan tanto que lo quieren matar. Hablo de no captar la idea. Ellos habían venido a adorar la ley, no al Dios de la ley. Como en el Sermón del Monte, Jesús les muestra que perdieron el *espíritu* de la ley por completo. «Por eso Moisés les dio la circuncisión, que en realidad no proviene de Moisés sino de los patriarcas, y aun en sábado la practican. Ahora bien, si para cumplir la ley de Moisés circuncidan a un varón incluso en sábado, ¿por qué se enfurecen conmigo si en sábado lo sano por completo? No juzguen por las apariencias; juzguen con justicia» (7.22-24).

Jesús dice: «Ustedes simplemente no lo entienden. Yo establecí el sábado para su restauración. Un día de descanso para que puedan ser restaurados. Ahora, ¡¿ustedes se enojan conmigo porque estoy restaurando a un hombre un sábado?! Quiero que comiencen a hacer buenas distinciones y no malas». Él no dice: «No hagan distinciones». Él indica: «Comiencen a juzgar con justicia».

Vayamos a Pablo con la iglesia de los Gálatas:

> Me asombra que tan pronto estén dejando ustedes a quien los llamó por la gracia de Cristo, para pasarse a otro evangelio. No es que haya otro evangelio, sino que ciertos individuos están sembrando confusión entre ustedes y quieren tergiversar el evangelio de Cristo. Pero aun si alguno de nosotros o un ángel del cielo les predicaran un evangelio distinto del que les hemos predicado, ¡que caiga bajo maldición! Como ya lo hemos dicho, ahora lo repito: si alguien les anda predicando un evangelio distinto del que recibieron, ¡que caiga bajo maldición! (1.6-9)

¡Qué increíble! Pablo está bastante alterado aquí y muy molesto con lo que ve. Ahora bien, seguramente usted conozca la historia, los gálatas habían comenzado a adoptar un evangelio que decía: «Sí, fe en Jesucristo. Creemos en Jesucristo. *Pero* debe estar circuncidado, y cumplir la ley de Moisés también». Un evangelio distinto al que Pablo y Jesús predicaban. Un «tipo» de evangelio. Con el suficiente «Jesús» como para hacerlo parecer el verdadero. Pero tiene otras ideas y reglas en él que llevarán a esas personas lejos del corazón de Dios y la relación que Él ofrece. (A propósito, todavía hay un poco de esto dando vueltas por nuestras iglesias.)

Era una cuestión de gran preocupación y Pablo no tenía pensado ignorarla. Esta carta fue (y es) un documento público, que debe haber sido leída no solamente en una iglesia, sino en muchas. Pablo no tenía ningún problema para decir: «¡Oigan, esperen un momento! ¡Están equivocados con respecto a esto!» Y hacerlo públicamente.

Pablo, ¿estaba «juzgando»? Bueno, no estaba siendo arrogante, y no estaba exponiendo a los falsos maestros para justificarse a sí mismo. Pero ciertamente estaba juzgando de la forma en que Jesús exhortaba, estaba haciendo una buena distinción entre lo verdadero y lo falso, entre lo exacto y lo no tan exacto.

¿Se da cuenta? No todos los evangelios son iguales. Debemos decirlo.

Esta idea bajo la que se encontraban mis dos amigas, de que está mal hacer distinciones y que hacer juicios valiosos entre las distintas formas de cristiandad, no es útil. Y que no es bíblico. Pero tiene montones de personas buenas atrapadas en malas iglesias y malos programas. Hay suficientes palabras de Jesús allí dentro como para que suene a cristiandad. Pero no están predicando el evangelio que Jesús predicaba.

Volvamos al supermercado. Esa pareja con la que me encontré, creo que son excelentes personas. Creo que aman a Dios y sinceramente quieren servirle. Lo que ocurre es que la cristiandad que han adoptado es algo así como «*Cristiandad y algo más*». En este caso es «Cristiandad *y* conservadurismo». Ahora, no me malinterprete: mi cuestión no tiene que ver con el conservadurismo. Soy conservador en la mayoría de mis valores. Pero el sistema al que pertenecen, parece estar más preocupado con las cuestiones de los valores conservadores que con llevar a las personas a una intimidad con Dios. Ellos no piensan que el corazón es lo principal (de hecho, le temen), y no hacen que el objetivo sea la intimidad con Dios. No restauran a la persona por completo.

Eso me preocupa.

No todos los evangelios son iguales.

Debe hacer estas distinciones. No se quede con la vieja pandilla simplemente por ser la vieja pandilla. Su lealtad no es hacia una iglesia o movimiento, es a Jesucristo.

Un hogar santificado

Me encantaría decir que resolvimos el tema de poder dormir. Pero hace dos noches tuve una pesadilla realmente oscura y tenebrosa.

No puedo recordarla ahora (y no quiero esforzarme), pero tenía algo que ver con una casa maligna a la que fuimos varios de nosotros, y alguien estuvo a punto de morir. Eran las 12:30 de la noche cuando eso ocurrió, me desperté asustado y comencé a orar. Había una presencia aterradora palpable en la habitación; ciertamente sentí miedo, ahí en mi esternón. Comencé a traer el reino de Dios y la autoridad de Jesucristo en contra del miedo, y contra todo espíritu malvado que hubiera en la habitación. Me alivió… un poco. Pero sentí que no se había ido. Quería que se fuera; quería volver a dormir. Pero los años me han enseñado a levantarme y orar en verdad. Una autoridad indiferente no resuelve el problema.

Usted pensará que el nombre de Jesús hace que esos espíritus se vayan inmediatamente. Y a veces ocurre. Pero a veces no. (Vea Marcos 9.18.) Recuerdo que hace varios años mi amigo Brent había dicho que luchar con espíritus malvados es como luchar con los agentes de la Hacienda Pública, son estudiantes de la ley, y saben cada cambio técnico y cada modificación del código. En el caso de los espíritus malignos, hemos visto que bastante a menudo se debe nombrarlos y traer la obra de Cristo en su contra específicamente, sino ellos no se irán. Recuerde, estos son espíritus caídos, torcidos y *desobedientes*, su naturaleza es desafiar. Mitad dormido y mitad asustado, estaba luchando para conectarme lo suficiente con el Espíritu de Dios para saber exactamente con lo que estaba tratando y así orar eficazmente. Me llevó algún tiempo, quizás quince minutos de oración continua, trayendo la obra de Cristo en contra del miedo. (Al menos sabía que había miedo en la habitación.) «Y de toda cosa oscura», y enviándolos al trono de Jesucristo. Luego volví a dormir.

La mañana siguiente recordé que todavía estaba despierto a la medianoche cuando los chicos volvieron de la fiesta y luego caí en la cuenta de que sentí que algo vino con ellos a casa. Fue una sombra, como cuando una nube cubre el sol por un momento. Pero la casa estaba oscura como boca de lobo cuando sentí pasar o entrar algo más oscuro. ¿Por qué no oré en ese momento? ¿Qué hay dentro de nosotros que simplemente no quiere lidiar con esas cosas? Preferimos girar, sacudir la almohada y esperar que se vaya. Bueno, este no se fue.

Durante el transcurso del día, sentí algo que se nublaba en mi corazón y en mi mente. Nada muy obvio, simplemente no estaba con toda la luz de la amorosa presencia de Dios y la libertad que nos brinda el Espíritu. Más tarde estaba abajo jugando con los chicos y Blaine estaba de mal humor. Me burlé de él, tratando de sacarlo de eso de una forma graciosa. Un juego por igual. Yo perdí. Él hizo algunos comentarios ácidos durante el juego, y me enfurecí y le dije: «Cambia la actitud o sales del juego». (Este sería un ejemplo de «No haga esto».) Sea lo que fuera que estaba desanimando el corazón de Blaine, yo me había unido a aquello. Él se fue de la habitación.

Hasta este punto, todavía no había sacado conclusiones; la pesadilla, el recuerdo de que algo oscuro había pasado media hora antes de la pesadilla, mi corazón que se nubló y ahora el desánimo de Blaine. Ahora bien, yo era un colaborador sin intención de lo que fuera que había allí.

Así llegó la hora de cenar y los chicos se estaban disparando acusaciones entre sí. «Tú tomaste la parte más grande del pan». «Deja de sorber que me da asco». Dos de ellos se levantaron y se fueron. Al instante yo estaba listo para darles una paliza (de nuevo), pero *finalmente* me di cuenta de lo que estaba ocurriendo. «Oigan, amigos. Hay algo aquí. Creo que tenemos un espíritu maligno presente. Mejor oremos juntos acerca de esto». «Traemos la obra de Cristo y toda Su autoridad en contra del espíritu maligno…» (Les estoy enseñando a mis hijos a hacer oraciones efectivas con respecto a la guerra espiritual, muchas veces les hago repetir lo que yo digo.) «Y obligamos a este espíritu a que se fuera de nuestro hogar en el nombre de Jesús». De acuerdo, eso estuvo bien.

Luego, ni siquiera habían pasado treinta segundos, alguien hizo un comentario ácido y yo volví a la postura de «debes cambiar tu actitud». Dios, ten misericordia. Obviamente, nuestra oración todavía no había surtido efecto.

Blaine tenía que ir a buscar una tarea que había dejado en la casa de un amiguito, así que fuimos a buscarla, y mientras nos dirigimos hacia allá hablamos de lo que había ocurrido. Primero, tenía que disculparme por regañarle. No se puede vencer la guerra espiritual si estamos caminando en pecado. Los espíritus malignos se ríen de eso, porque estamos haciéndoles el juego de esa manera. La guerra lo hará santo, porque debe estar limpio para vencerla. Dije:

—Blaine, creo que herí tus sentimientos esta tarde.

—Sí, es cierto.

—Lo siento mi amor.

—Te perdono —me contestó.

Manejamos unos minutos más, y entonces Blaine me dijo:

—Estoy pensando que quizás esta guerra vino anoche debido a la fiesta.

—Sí, yo estuve pensando en eso también. ¿Quiénes estaban ahí?

Es muy importante cuando nos encontramos bajo ataque, evaluar cuál puede haber sido la puerta abierta. ¿Miraste una película de terror? ¿Hiciste alguna declaración durante el día? ¿Con quién fue el último con quien estuviste, o a quién debes ver? A veces es la guerra de alguien más. La fiesta era de casi todos los chicos buenos que conocemos, pero había algunos complicados también. Así que, sin saber completamente contra qué estábamos luchando, o de dónde venía, oramos por lo que suponíamos. Es como una escena de crimen, algo malvado está en pie, y quizás lo único que tiene son algunas huellas y ningún sospechoso, así que comienza con el proceso de eliminación. Así que guié a Blaine en la oración, trayendo la cruz de Cristo en contra de esos chicos y su guerra, agregando: «Y prohíbo que se transfiera a mí».

Muchas veces me siento incómodo y un poco tonto al intentar enseñarles a mis hijos algo acerca de Dios, especialmente cosas que tengan que ver con guerra espiritual. Pero hace algunas semanas Blaine estuvo ayudando a la gente que trabaja en un retiro cuando lo golpeó el desánimo, y el *Nadie te quiere* y *no encajas aquí ... deberías irte*. Él estaba solo en su cama, intentando dormirse, pero no podía. Cuando las acusaciones comenzaron a aumentar, las reconoció como guerra. Y me dijo: «Así que me pregunté: "¿Cómo oraría papá acerca de esto?" y recordé lo que oramos, y funcionó. Me llevó dos vueltas, pero se fue. Totalmente».

No importa cuán incómodo se sienta, ore acerca de esas cosas. Con su familia y sus amigos.

Volviendo a la historia, estábamos en el proceso de eliminación, y luego de orar por los chicos con los que estuvo, Blaine parecía estar mejor. Entonces me dijo:

—Oye, espera un minuto, ¿qué acerca del puñal que me dio Jimmy?

— ¿Qué?

—Para mi cumpleaños. Jimmy me dio un puñal anoche.

Hmm. Suena sospechoso. El detective dentro de mí dijo:

—*Estamos ante algo aquí*. Cuando llegamos a casa le pedí que me mostrara el puñal; se veía «oscuro», el diseño, la funda negra labrada. Parecía algo como los que usan los orcos en *El señor de los anillos*.

Le pregunté:

— ¿Sabes de donde sacó esto Jimmy?

—No.

— ¿Puedes preguntarle?

—Sí.

Mientras tanto, oramos por el cuchillo, limpiándolo con la sangre de Jesucristo y atándolo bajo su autoridad. Como le pertenecía a Blaine, hice que él orara conmigo. «Y prohíbo que sea un canal de cualquier cosa malvada sobre mí o mi familia. En el nombre de Jesús».

Conductos. Puertas abiertas. El enemigo utilizará cualquier cosa que pueda encontrar para atacarnos o traer problemas a nuestra casa.

Comience con lo obvio. Su tía Gladys le da una hermosa escultura de hierro y madera de un dios hindú que trajo de algún viaje. ¿Se lo queda? «Bueno, Dios, fue muy costoso y no creemos en dioses hindúes, entonces, ¿no es sólo algo artístico?» No, los dioses hindúes son demonios; esta es una estatua de un demonio. Además, los que hacen ídolos pueden haber hecho un hechizo (ellos piensan que es una «bendición») para los que se llevan a los ídolos a sus casas. Talismán malo. Sáqueselo de encima.

Pero eso es sólo lo obvio. El enemigo no quiere que sus conductos se reconozcan tan fácilmente. Trajimos a casa películas populares pero también oscuras, prestadas de personas, aun creyentes, que pensaban que eran buenísimas. Fíjese también los libros que su hijo trae a casa para las tareas del colegio. Algunos videojuegos son herramientas para el enemigo también. «Reliquias» familiares (por ejemplo algo que su bisabuelo trajo de un negocio de curiosidades de Bali) pueden estar asociadas con espíritus. Y puede que tenga que limpiar los discos que coleccionaba antes de aceptar a Cristo. ¡Cuidado! Que esta sea una clase para pensar.

Ahora bien, no estoy sugiriendo la paranoia. Muchas cosas son buenas. Pero cuando golpea la guerra, hágase detective. *¿Existe un conducto? ¿De dónde provino? ¿A quién le pertenecía?* Ore sobre eso; pregúntele a Dios qué piensa Él. Será muy útil.

En realidad la Biblia tiene mucho que decir acerca de los objetos y su santidad o impureza. Cuando Josías condujo sus reformas maravillosas a Jerusalén y Judá, «el rey ordenó al sumo sacerdote Jilquías, a los sacerdotes de segundo rango y a los porteros, que sacaran del templo del Señor todos los objetos consagrados a Baal, a Asera y a todos los astros del cielo. Hizo que los quemaran en los campos de Cedrón, a las afueras de Jerusalén, y que llevaran las cenizas a Betel» (2 Reyes

23.4). *Todos* los artículos, aun aquellos relacionados con Baal. No había duda de que eran ídolos. Pero aun los utensilios comunes como pinzas utilizadas en adoraciones oscuras debían ser removidos. El rey veía los conductos como algo serio.

Ahora pues, no existe una ley fuerte y rápida en esto. Usted debe seguir al Espíritu de Dios y descubrir cuál es el espíritu de las reglas en cuestión. Algunas cosas pueden ser limpias y santificadas para Dios.

> Toi, rey de Hamat, se enteró de que David había derrotado por completo al ejército de Hadad-Ezer. Como Toi también era enemigo de Hadad-Ezer, envió a su hijo Joram a desearle bienestar al rey David, y a felicitarlo por haber derrotado a Hadad-Ezer en batalla. Joram llevó consigo objetos de plata, de oro y de bronce, los cuales el rey David consagró al Señor, tal como lo había hecho con la plata y el oro de las otras naciones que él había subyugado. (2 Samuel 8.9-11)

Por ejemplo, no escuchamos solamente «música cristiana» en nuestra familia. Pero somos cuidadosos y sensibles al discernir cuál es el espíritu de la música «secular» y el hecho de que algunos músicos y bandas son simplemente tenebrosos.

Es mejor que tiremos esas cosas o las quememos en el Valle Cedrón. Usted puede descubrir que tiene un conducto por algún tiempo y no parece ser un canal para lo malvado, pero entonces el enemigo está buscando una puerta abierta y encuentra que ese objeto es útil para sus propósitos y de repente se convierte en un problema. Lo mismo ocurre con los pecados que no fueron confesados en el pasado o las declaraciones viejas que nunca hemos roto. Pueden estar inactivos durante años, pero el enemigo los encuentra o vuelve a utilizarlos para sus esquemas presentes. De la misma manera en que utilizamos los ataques espirituales para hacer un inventario personal (*¿Le he abierto la puerta a esto, Señor? ¿Hay algo que necesito confesar, de qué arrepentirme o con qué romper un pacto?*), encontramos que nuestros hogares deben ser santificados para mantenerse santos.

(Visite www.walkingwithgod.net)

primavera
verano
otoño
invierno

*Un tiempo de resurrección, de recuperación de la esperanza
y del deseo, el momento de los nuevos comienzos*

Acepte lo que encuentre difícil de aceptar

Afuera está nevando.

Una vez más.

¡Uf! Maldito Louise, finalmente estamos comenzando los primeros días de la primavera, y nevó dos veces más la semana pasada,
un total de medio metro o más. Ahora que había dejado la entrada
limpia y linda, y las calles ya se habían secado, hay casi veinticinco
centímetros otra vez. ¿Qué hago con este clima?

Nací al sur de California. Jugábamos al frisbee [plato volador]
en pantalones cortos para Navidad. Las plantas estaban verdes todo
el año. Tienen palmeras, ¡por Dios! Ni siquiera sé si tenía un abrigo.
Así que este es un gran tiempo de adaptación para mí. En realidad no
tenemos primavera en Colorado. El invierno persiste con tesón hasta
mayo. Luego tenemos una semana o dos de transición, y de repente
llega el verano.

Siempre pensé que yo era una persona muy fuerte (con voluntad para soportar), pero me humilla saber cuánto afecta mi humor el clima. Mi actitud. Mi perspectiva de la vida. Tenemos tres días de tormenta y ventisca, y me deprimo. Luego sale el sol y estoy feliz, la vida es linda, y Dios está cerca nuevamente. Dios mío. Me siento como una marmota, no salgo afuera a menos que vea mi sombra. Hasta que sale el sol estoy con mala cara en mi madriguera.

Ahora pues, aquí se ve la bondad de Dios. Hace algunas semanas estaba hojeando una revista y de repente veo un artículo acerca de unos lugares espectaculares para esquiar. Estoy a punto de pasar la hoja ya que no me gusta esquiar. Quiero que regrese el verano. Estoy decidido a estar enfadado hasta que ocurra. Entonces veo una cita en el aviso: «Para amar el invierno, o para amar cualquier cosa o a cualquier persona, es necesario dejarse llevar y entregarse a eso».

Yo sabía que era Dios, porque me sentí fracasado de inmediato. Totalmente fracasado, una vez más. No estoy entregado. Estoy con mala cara. Puedo sentir que Dios me dice: *Sí, así es. Ahora detenlo.*

Entregarme al invierno sería algo bueno para los que tienen que vivir conmigo, porque no es para nada divertido vivir con una marmota que está dando vueltas por la casa refunfuñando constantemente acerca del clima (o cualquier cosa que se le parezca). Me acuerdo de algo que dijo el autor Dennis Prager, que «la felicidad es una obligación moral». La razón por la cual estamos obligados moralmente a ser felices es que los demás deben convivir con nosotros. Si soy un infeliz crónico, o aun infeliz por un día o dos, ellos son quienes lo pagan. ¿Le gustaría vivir con Eeyore? ¿Con Puddleglum? ¿Cómo se siente el resto de la familia cuando estoy dando vueltas como un alma en pena por la casa? Mi tristeza deja una larga sombra. No es justo pedirles que vivan con eso.

La tristeza es desenfrenada. Es como insistir que todos los demás escuchen la música que a usted le gusta. Y entonces tocan fugas en el órgano.

De acuerdo. Escucho a Dios. Debo hacer lo mejor con este clima. Entregarme a él. Nos quedan tres meses de nieve todavía.

Acerca de las cosas que Dios niega

El clima me hizo pensar acerca de la aceptación y la rendición, lo que me llevó a reflexionar en las desilusiones más significativas, persistentes y largas en mi vida. Sé que usted también tiene las suyas. ¿Qué somos nosotros para hacer algo acerca de eso? ¿Cómo hacemos para caminar con Dios en medio de esas cosas?

Ahora bien, quiero ser cuidadoso con esto. Existen muchas razones para nuestras pérdidas y nuestros deseos insatisfechos. La guerra en la que vivimos es una razón suficiente. Hay un ladrón, con todo un ejército detrás, y su ejército y él, roban, matan y destruyen como terroristas. Cuando la vida no está bien debemos tener cuidado de no sacar precipitadamente la conclusión de que *Dios no me está revelando esto*. Sacamos esa conclusión demasiado rápido, como si la única relación de causa y efecto en este mundo fuera que Dios nos dé o no nos dé las cosas. (¿Recuerda A+B=C? Así no es como funciona.) Las personas pueden negar amor y bondad, aunque Dios ordena que no lo hagan. ¿Es eso culpa de Dios? y francamente, saboteamos demasiado el gozo prometido por Dios simplemente por la forma en la que enfocamos en la vida.

Aun habiendo dicho eso, existen cosas que Dios nos pide que vivamos sin ellas. Yo tengo mi lista y usted tiene la suya. ¿Qué debo hacer con el hecho de que más allá de mi caminar con Dios, mi voluntad de seguirle y mi determinación ante la batalla, debo dejar de vivir con algunas cosas?

Al orar acerca de mis desilusiones cierto día, me di cuenta de algo persistente bajo la superficie. Me di cuenta de que en alguna parte del camino, había hecho un pacto del tipo *Necesito* esto. No que lo quiero y mucho. Sino que *lo necesito*. Es un cambio muy sutil y mortal. Uno que le abre la puerta a la desesperación y es un huésped de otros enemigos. Estaba comenzando a creer que el amor y la vida de Dios no eran suficientes. ¿No fueron Adán y Eva seducidos a creer de esa manera, que Dios no era suficiente? Él les había dado tanto, pero todo lo que podían ver en su fatídico momento de la tentación fue la *única* cosa que no tenían. Así que la alcanzaron, aunque eso implicara darle la espalda a Dios.

¿Qué fue tan convincente para que Adán y Eva pudieran darle la espalda al Dios viviente en busca de la única cosa que les faltaba? Creo que estoy comenzando a entender esa pregunta. Comenzamos anhelando algo y cuanto más creemos que eso es lo que *tenemos* que poseer para ser felices, más nos obsesiona. El premio inalcanzable crece más que su verdadero valor. Comienza a tener proporciones míticas. Estamos seguros de que la vida se arreglará una vez que lo consigamos. Pensamos: *Si sólo estuviera casado. Si sólo tuviera hijos. Si sólo fuera rico. Si sólo tuviera _____* (complete el espacio). Todo el resto de las cosas en nuestra vida palidece. Hasta Dios. Caemos en la creencia de que *necesitamos* lo que sea que esté fuera de nuestro alcance, y cuando caemos en eso, somos miserables.

No estoy minimizando el dolor de nuestra desilusión. El dolor es real. Lo que estoy diciendo es que el dolor crece más allá de su naturaleza, domina el panorama de su psiquis cuando cambiamos de *cuánto anhelo esto* a *cuánto necesito esto.* Lo único que en verdad necesitamos es a Dios y la vida que nos da. Hay una satisfacción a la cual no queremos llegar hasta que llegamos a ella en Dios. ¿No es esa la satisfacción de la que se nos advierte en la parábola del rico insensato que planeó derribar sus graneros y armar unos más grandes?

Entonces les contó esta parábola:

El terreno de un hombre rico le produjo una buena cosecha. Así que se puso a pensar: ¿Qué voy a hacer? No tengo dónde almacenar mi cosecha. Por fin dijo: Ya sé lo que voy a hacer: derribaré mis graneros y construiré otros más grandes, donde pueda almacenar todo mi grano y mis bienes. Y diré: Alma mía, ya tienes bastantes cosas buenas guardadas para muchos años. Descansa, come, bebe y goza de la vida. Pero Dios le dijo: ¡Necio! Esta misma noche te van a reclamar la vida. ¿Y quién se quedará con lo que has acumulado?

Así le sucede al que acumula riquezas para sí mismo, en vez de ser rico delante de Dios. (Lucas 12.16-21)

La advertencia no es acerca de unas vacas en las colinas o del dinero en el colchón. El cambio peligroso del alma que se describe aquí es lo que ocurre en el corazón del hombre. *He llegado. La vida es buena.* Pero no por haber encontrado su vida en Dios. No hay un desastre mayor para el corazón humano que este, creer que hemos encontrado la vida lejos de Dios. Y este cambio que he estado describiendo, esto de creer que lo que no tengo pero anhelo en realidad lo necesito, es la apertura a la etapa del desastre. Por cualquier razón, hemos comenzado a creer que Dios no es suficiente.

Entonces, sin importar cuál sea la razón para nuestro desánimo, sin duda Dios la usa para atraernos a Él. Para quitarle a nuestro corazón la costumbre de ir a cualquier otra fuente percibida de vida, para que podamos encontrar nuestra vida en Él.

Debe ser por eso que cada uno de nosotros llevamos al menos una desilusión persistente en nuestra vida. Dios sabe cuán peligroso sería que pensáramos que ya hemos llegado. Estoy recordando una escena en *La leyenda,* de Bagger Vance, donde Bagger le dice a Junah: «No existe un alma en esta tierra que no tenga una carga que llevar que no entienda». Puede ser la salud. O un parentesco. Puede ser un hijo, o el hecho de que no tenga hijos. Todos tienen que cargar una cruz. Todos. Nos sirve para recordarnos cada día que no podemos hacer que la vida funcione de la manera que queremos. No podemos llegar. No completamente. Todavía no. Si se lo permitimos, el desánimo puede ser el camino de Dios para llevarnos continuamente a Él.

Sé que enfrento una elección. Puedo sentirlo por dentro y veo cómo existe en mi corazón. Puedo hacer que mi desánimo defina mi vida. O puedo hacer que me devuelva a Dios, para encontrar mi vida en Él de maneras que todavía no he aprendido. El resto es un misterio. Pero es suficiente saber esto.

Entonces rompo con el pacto que he hecho, necesito esto. Te doy nuevamente este lugar en mi corazón a ti Señor. Lléname con tu amor y tu vida, en este preciso lugar.

Anhelos insatisfechos

Hay más que decir acerca de las cosas con las que debemos dejar de vivir.

¿Qué hacemos con esos anhelos y deseos insatisfechos? Me refiero a que siguen presentándose de alguna manera.

Yo creo que lo que hago es simplemente enterrarlos. (Y veo que otros hacen lo mismo.) Por un lado, por supuesto que lo hacemos. Sentimos que tenemos que hacerlo. Usted no puede vivir constantemente consciente de los deseos elevados que no están satisfechos, así como no puede comenzar su día continuamente añorando la vida que no tiene. Usted debe vivir la vida que tiene. Pero me doy cuenta que de tanto en tanto, Dios viene y mueve nuestros deseos y anhelos, los despierta. Usted ve a alguien y piensa: *¿Cómo sería mi vida con ella (o él)?* Una noche cenando, alguien le dice cuánto ama su trabajo, y usted piensa: *Quizás sea tiempo de cambiar. Yo en realidad siempre quise* _____ (complete el espacio). Ser escritor. Arquitecto.

¿Por qué Dios hace eso? ¿No sería mejor ni siquiera tocarlo?

No. Enterrar los profundos anhelos de nuestro corazón no es algo bueno. El hecho de hacerlo comienza a cerrar nuestro corazón, por lo que caemos en esa mentalidad de «seguir como estoy». Para mí, eso significa esforzarme y trabajar. Hacer las cosas. Pero mi pasión se apaga lentamente enseguida y la vida se aleja de mí. No puedo llevar al trabajo el entusiasmo que una vez llevé, así que hasta mi trabajo sufre. Porque mi corazón está sufriendo. Es como una forma de hambre lenta. Si su cuerpo no obtiene lo que necesita, puede estar un tiempo sin eso. Pero lentamente la erosión comienza a manifestarse. Usted se cansa, le duelen los músculos, o comienza a tener dolores de cabeza o miles de otros síntomas. Usted necesita nutrirse.

El corazón es igual. Gracias a Dios, no podemos forzarlo para siempre. El dolor comienza a insistir en busca de atención. Ahora bien, podemos escuchar esos rugidos y permitir que nuestro corazón aparezca y así llevárselo a Dios, o podemos caer en alguna adicción. El corazón hambriento no será ignorado para siempre. Alguna promesa de vida surge y *boom,* nos encontramos en la heladera en la cocina sacando un cuarto de kilo de helado, o navegando por la Internet en busca de intimidad.

Dios conoce el peligro si ignoramos nuestro corazón, así que despierta nuestro deseo. Usted ve una fotografía en una revista, se detiene y suspira. Usted ve a alguien con la vida que le recuerda la que una vez pensó que viviría. Está usando el control remoto una noche y ve a alguien hacer lo que usted siempre soñó que haría, el corredor que rompe la cinta, la mujer disfrutando inmensamente su enseñanza de cocina. A veces lo único que se necesita es ver a alguien disfrutando de hacer algo, y su corazón dice: *Yo también quiero eso.*

Dios hace eso para nuestro propio bien. Lo hace para despertar nuestro deseo, para sacar nuestro corazón de las profundidades de donde lo hemos enviado. Él lo hace para que no sigamos matando nuestro corazón y para que no caigamos como víctimas de algún sustituto que se parece a la vida pero que se convertirá en una adicción a corto plazo.

A veces lo hace para que busquemos la vida que planeó para nosotros. ¿No es esto lo que le pasa al hijo pródigo? Se despierta un día y dice: «¡Cuántos jornaleros de mi padre tienen comida de sobra, y yo aquí me muero de hambre!» (Lucas 15.17) «Mira sus vidas», dice. Y es movido a volver a casa. A buscar la vida. He dejado amistades en mi vida varias veces, hice el sutil pacto de seguir sin ellas. Pero Dios venía y movía mi deseo a través de una escena en una película, una historia que estaba contando un colega o una fotografía vieja del tiempo en el que tenía un buen amigo. Me movía a volver a darle otra oportunidad a la amistad. No se dé por vencido.

Sé que Dios hace eso en el matrimonio. Una mujer que conocemos abandonó la esperanza por la intimidad con su marido hace algunos años. *Podría ser peor*, se decía a sí misma. Y los años fueron pasando. Luego algo despertó su deseo, un romance que vio en una película o la intimidad que vio en el matrimonio de algún amigo. El anhelo se podría haber visto como un intruso no bienvenido. Quizás sólo causaría más dolor. O quizás ella iba a hacer algo estúpido. Pero se convirtió en la fuerza con la que buscó consejo e invitó a su esposo a que la acompañara. Le abrió una puerta a la vida.

Más a menudo de lo que pensamos ese despertar de los deseos es una invitación de Dios para buscar lo que hemos dado por perdido, una invitación para volver a intentar. Esto ha sido real en muchos matrimonios también. Es muy fácil llegar a esa meta en la que decidimos: *Esto es suficientemente bueno. Podría ser mejor, pero también podría ser peor. Llegar a lo mejor será costoso, y riesgoso, y estoy bien con como están las cosas.* Dios aparece y nos dice: *No te des por vencido.*

Estoy sorprendido por todo este proceso de despertar. La voluntad y lo que se siente como un riesgo para Dios, el hecho de despertar el deseo en mí. Me refiero a que, ¡Cielos! sentir nuevamente un deseo que había enterrado hace mucho. ¡Caramba! Quizás me haga una mala jugada, quizás llegue a una conclusión errónea, así como nuestra amiga podría haber decidido que necesitaba un esposo diferente.

Algo que leí hace algunos años escrito por C.S. Lewis, en *El peso de la gloria,* ha sido útil para mí una y otra vez, y puede rescatarnos en el mismo momento en que despierta el deseo que estoy describiendo. Lewis está intentando mostrarnos que lo que Dios utiliza para despertar deseos no es necesariamente lo que anhelamos. Las cosas «en las que pensamos que se encontraba la belleza nos traicionarán si confiamos en ellas; no fue *en* ellas, sólo vino *a través* de ellas, y lo que vino a través de ellas fue el anhelo. Estas cosas… son buenas imágenes de lo que deseamos; pero si están equivocadas por la cosa en sí, se convierten en ídolos tontos, rompiendo los corazones de quienes los adoran. Porque no son la cosa en sí». Esas cosas no son lo que anhelamos.

No son ese hombre o mujer específica que deseamos, pero a lo que apuntan, lo que viene a través de ellos. Estos son la imagen de lo que anhelamos. Como la chica en mi camioneta diesel. No se trataba de ella. Dios la utilizó para despertar un anhelo, para llegar a una parte de mi corazón que había sido enterrada hace mucho, para que Él pudiera sanarme. Cuando se despierta un deseo, por la fuente que sea, lo que debemos orar es: *Dios, ¿Qué tienes para mí?*

Creo que muchos que realmente anhelamos una vida santa hemos elegido el camino de «matar al deseo», porque en el momento pareciera que no existe otro camino. Y a veces, en el momento, esta puede ser nuestra única elección. Ciertamente es mejor rechazar algún anhelo si sabemos que ceder a este significa darle lugar a la tentación. Pero este no es el mejor camino hacia la santidad a largo plazo, porque el corazón hambriento al fin buscará alivio.

Pero existen deseos que sabemos que no podemos satisfacer ahora.

Puede ser muy tarde para convertirse en un jugador de béisbol profesional o en un músico, muy tarde para tener un hijo. Esta es la verdadera zona peligrosa, porque parece que no hay otra opción más que guardar esta parte de su corazón. Pero enviar su corazón al exilio porque sus anhelos no tienen esperanza de ser completados es también exiliar su corazón del amor de Dios. Y Él quiere tener todo su corazón. Es difícil saber si Dios está despertando algún deseo para que busquemos una nueva vida o simplemente para que esta parte de su corazón esté sin mancha para Él. Pero sea cual sea el caso, debe comenzar por darle esta parte de su corazón a Dios nuevamente. Sobre todas las cosas, *su corazón debe encontrar un lugar seguro en Él.*

(Visite www.walkingwithgod.net)

Descanse

Estoy tan agradecido por haber escuchado a Dios la semana pasada.

Mañana, miércoles, vuelo a San Diego para hablar en una conferencia, dos sesiones, una por la tarde y una por la noche. Eso significa acostarme tarde y luego correr a tomar el avión bien temprano en la mañana del jueves de regreso a Colorado, justo a tiempo para encabezar nuestro retiro de cuatro días de Salvaje de Corazón que estamos haciendo aquí. Casi nunca acumulo misiones continuamente como esta vez. He aprendido que no es algo recomendable. Pero ocurrió. La semana pasada veía estas demandas llegando como una gran ola, creciendo cada vez más antes de llegar a la orilla. Entonces oré: *Señor, ¿Para qué debo estar preparado la semana que viene?* Me dijo que me tomara el lunes y el martes y no fuera a trabajar. Qué consejo más atento. No lo hubiera podido hacer de otro modo. Hubiera empezado con la rutina de todos los días, tratando de deshacerme de lo más posible que tenía para hacer sobre mi escritorio antes de irme, y llegar exhausto a estos sucesos.

Pero no volé la puerta y salí corriendo para comenzar el día, pensando en todo lo que necesito hacer. En cambio, tomé un desayuno relajado. Leí una revista. Dediqué un tiempo para orar. Hoy está caluroso, un cambio espectacular de toda esa nieve que veníamos teniendo y he disfrutado de trabajar en casa, rompiendo el hielo de la entrada de mi casa con un pico. No es un trabajo, no para mí. Es divertido. Y relajante. Descansar es bueno.

Sé que he perturbado a algunas personas que no le dedicaron tiempo a sus corazones, desafié sus decisiones de enfrentar la semana como yo lo hubiera hecho, sin preguntarle a Dios. No sé si han pedido palabras para progresar o no o si hicieron caso a lo que escucharon. Pero es perturbador caminar con Dios. Y también atractivo.

Resuelva las cosas

¿Qué debo hacer con esto? Acabo de abandonar la mesa donde estábamos cenando con mis hijos esta noche. (Mami está en un estudio bíblico para mujeres.) Escuché que el clima iba a ser bueno este fin de semana y les pegunté a los chicos con expectativa (y sintiéndome como un padre generoso y bueno): «¿Quién quiere ir a cazar pájaros el fin de semana?» En mi corazón quería una respuesta alegre y agradecida. Algo así como: «¡Uao! ¡Yo quiero!» «¡Sí, sí! ¡Llévanos!» Pero, en vez de eso, hubo silencio. Un largo silencio, cada uno de ellos se preguntaba torpemente: *¿Cómo le digo que no quiero ir?* Uno a uno me dijeron algo como: «En realidad no». Me sentí tan rechazado.

Era todo lo que podía hacer para no enfadarme.

Sé que mis hijos son adolescentes ahora. Sé que están desarrollando sus vidas por sí solos. Pero aun así me dolió. Me desilusionaron. Y me sentí solo. Todavía me siento así, al entrar a mi oficina e intentar resolver eso. Necesito resolverlo. (No permita que su mundo interior dé vueltas desapercibido y sin ser pastoreado.) Una parte de mí quería que supieran que me habían lastimado (y que también estaba a la defensiva) inmediatamente. «De acuerdo. Le preguntaré

a alguno de los chicos. Sé que *quieren* ir». *Ustedes pequeños idiotas.*
Piensen en todos los jovencitos que hay que se mueren porque alguien
los lleve a algún lado. Ustedes ingratos no tienen idea de lo que están
rechazando.

De acuerdo. Sé que estoy dolido y me estoy preguntando si lo que
en realidad me duele es perder a mis hijos porque están creciendo.
Las mamás pasan por esto también, cuando sus hijos se van al colegio
o simplemente llegan a esa instancia en la que quieren hacer «cosas
de hombres» con papi. Para ser honestos, me perdí de esa instancia.
Hubo un tiempo en el que hacer cualquier cosa con papi era algo
espectacular. «Iré a lavar el auto, ¿Quién quiere venir?» «¡Yo!» Gri-
taban al unísono y venían corriendo hacia la puerta. Una salida a la
ferretería era una aventura. Un fin de semana de campamento podría
haber sido un safari a Mozambique.

Pero ya no.

Ya sé, espero, ya llegará el día en el que se den cuenta de lo que les
ofrecí como padre. Cuando pasar un día conmigo parezca realmente
bueno nuevamente. Creo que eso también es parte del crecimiento.
Llega esa etapa de adolescente en donde los amigos son mucho más
interesantes que papá. Entonces se va a la universidad, donde hay
montones de cosas que son mucho más interesantes que ir a cazar
pájaros con el viejo. Las chicas también serán más interesantes. Luego
el trabajo. (De repente escucho las líneas de una canción que dice:
«Papi, lo que en realidad me gustaría es que me prestes las llaves del
auto. Te veo más tarde. ¿Me las puedes dar, por favor?» Y ya estoy listo
para llorar.)

Pero hay otros días en los que comienza a sentir la necesidad y el
hambre de la presencia de su padre. Para algunos llega cuando salen
de la universidad y enfrentan la vida real y se dan cuenta de que

necesitan algún consejo y ayuda. O puede ser luego de algunos años de matrimonio o cuando nace el hijo. O quizás luego de unos años de trabajo. Los amigos se alejan, se acabaron las fiestas, y ahora se comienza a dar cuenta de que necesita la fuente de sabiduría, fuerza y amor que ha estado siempre ahí pero que en realidad nunca apreció. Este fue mi viaje y el de muchos hombres que aconsejo. Excepto que, para la mayoría de nosotros, papá ya no está para ayudarnos. Entonces nos damos cuenta de lo que se perdió.

¿Cuándo se darán cuenta mis hijos de esto? No lo sé. Sólo oro para que lo hagan. ¿Y qué haré mientras tanto? Si no resuelvo esto, sentiré resentimiento hacia ellos, sólo sutilmente. Pero ellos lo percibirán, y dañará nuestra relación. No querré invitarlos la próxima vez. Habrá un espacio allí. Ellos verán que papá está actuando de una forma inmadura, y no querrán hablar de otra cosa como esta cuando aparezca. Esa posición difícil que se insinúa entre padres e hijos, comienza así. Todo por no querer resolver nuestros temas internos para nosotros. Este tipo de cosas fermenta por dentro, si le permitimos que dé vueltas de una forma incuestionable, desconsiderada.

Ahora la tarde está pasando. Estoy intentando, con la ayuda de Dios, pastorear mi corazón en cuanto a esto. Pronto les daré las buenas noches a los chicos ¿Con qué ánimo?

¿Qué es lo que necesito en este momento, Dios? Sé esto, sé que necesito que vengas y me ministres aquí. Jesús, ven y encuéntrate conmigo aquí, en esta desilusión y dolor que estoy sintiendo. Quería que mis hijos estuvieran emocionados. Quiero que vean el tiempo dedicado conmigo como algo que se destaque. Me duele ver crecer a mis hijos y que comiencen a soltarse. Me duele que me rechacen por cosas como el Xbox [juego electrónico], *las películas y las novias. Encuéntrate conmigo aquí.*

También sé esto: Sé que no quiero castigarlos por el hecho de no elegirme. Jesús, ayúdame a amarlos aun cuando me rechazan. Ayúdame a amarlos y valorarlos aun cuando comienzan con hobbies e intereses muy distintos a los míos. Ayúdame a amarlos mientras se van soltando.

Y ahora, al finalizar este escrito, mis pensamientos se vuelven hacia ti como mi Padre. Estoy avergonzado y dolido de pensar cuánto puede decirse de lo mismo que escribí acerca de mi relación contigo. Eso es, ¿Cuánto te has ofrecido y yo he elegido otras cosas? Estoy mudo. Detenido. Todo lo que puedo decir es: Perdóname. Tú eres más compasivo y sufrido de lo que podría imaginarme. Quiero ser un mejor hijo.

Como dije al comenzar este libro, la vida se nos presentará con cientos de oportunidades en una sola semana para mirar a nuestro mundo interior, a caminar con Dios allí, a convertirnos más completamente suyos. No permita que su vida interior transcurra sin ser pastoreada.

(Visite www.walkingwithgod.net)

El ataque

Los últimos cuatro días fueron crueles. Un asalto emocional. Guerra salvaje —un combate oscuro y confuso contra la seducción, la condenación, el orgullo, la desvalorización, y Dios sabe qué más. Caí en la trampa, y mi corazón todavía sigue tratando de recuperarse.

Había viajado al este para dar una conferencia. Había algunas relaciones en crisis, al igual que el futuro del mensaje que intento transmitir. Me sentía preparado, pero creo que subestimé todo lo que estaba en juego. Al menos eso es lo que pienso ahora, ya que el enemigo realmente avanzó con venganza.

Las primeras sesiones de la conferencia estuvieron bien. Considero que estoy siendo íntegro. Luego, algo cambia. Lo que percibo es una sutil seducción y lujuria hacia una mujer presente. La rechazo y avanzo con rapidez. Pasados unos minutos se vuelve a repetir, esta vez con cierta dosis de orgullo. Nuevamente la rechazo. Intento concentrarme en el evento, ser veraz, honrar a mis colegas, caminar con Dios. Pero esta situación es cada vez más fuerte.

Era como si el enemigo estuviera probando mis límites, buscando la debilidad. Lujuria. Luego arrogancia. Después distracción. Una y otra vez. Pienso que la conferencia me exigió lo suficiente como para estar concentrado, algo así como manejar durante una tormenta. Uno se siente abrumado, duplica su concentración, se aferra fuertemente al volante. Sin embargo, luego de redoblar mis esfuerzos me sentí una basura. Luego de intentar esquivar lo que el enemigo me había lanzado, sentí que me había enviado a sus pesos pesados.

En ese momento me invade una profunda aflicción. Juicio a granel. Nada de esto se hace verbal, pero el sentimiento desbordante es: *Mírate. Te consideras un hombre de Dios. Eres absolutamente corrupto por dentro. Y Dios ahora está tan lejos.*

Hay una escena en *El progreso del peregrino* que nos ayudaría a todos si la recordáramos.

Algo que no puedo dejar pasar. Me di cuenta de que en un momento el pobre Cristiano estaba tan confundido que no reconocía su propia voz; y allí lo percibí. Justo cuando llegó a la boca del ardiente foso, uno de los malvados se paró detrás de él y se le acercó suavemente, y susurrando le sugirió varias blasfemias graves, las cuales él ciertamente pensó que provenían de su propia mente. Esta situación puso a Cristiano peor que nada que hubiese enfrentado anteriormente, al punto de pensar que debía blasfemar a aquel a quien tanto había amado antes. Sin embargo, si él lo hubiera podido evitar, no lo habría hecho; pero no tuvo la prudencia ni de dejar de escuchar ni tampoco de distinguir de quién provenían dichas blasfemias.

Cristiano no podía discernir su propia voz. No distinguió de quién provenían las blasfemias. Creyó que surgían de su propio corazón y se sentía devastado. Es exactamente así como yo mismo me sentí. Devastado. ¿Cómo podía ser capaz de hacerle eso a mi Señor? Estaba angustiado pensando que ese era el verdadero estado de mi corazón. Ahora, devastado, el enemigo derrama desprecio, juicio y la sensación permanente de que Dios se ha apartado de mí.

Distinguir qué es lo que verdaderamente está sucediendo es difícil en esos momentos. ¿Qué es una convicción genuina y qué es un ataque? ¿Cuál es mi culpa y cuál es la guerra? Y ¿de dónde proviene el ataque? Empecemos por esto: por sus frutos los conoceréis. La convicción genuina trae arrepentimiento, no juicio ni desprecio. La convicción genuina nos lleva de regreso a Dios. No nos dice: *Destruiste todo a tal punto que Él se ha alejado de ti.* Tuve que comenzar analizando el fruto de mi situación: estaba profundamente afligido. Me sentía angustiado. Lejos de Dios. Todo eso no provenía del Espíritu Santo. En aquel momento, eso era todo lo que sabía.

Entonces comienzo a utilizar la obra de Cristo contra el ataque. Eso sí que es difícil. Tengo la necesidad de orar cada media hora aproximadamente. Algo tiene el punto de apoyo ahí.

Para luchar de manera eficiente es necesario que me haga cargo de *mi* parte. Le abrí la puerta al orgullo. Lo hospedé. Ahora puedo ver cómo el enemigo trató de dejarme sin defensas destruyendo mi integridad de todas las maneras posibles. Descubrió que podía hacerlo a través del orgullo. Se instaló en mí cuando comencé a ver lo bien que me estaba yendo y la influencia que estaba teniendo, y le di a mi corazón lugar para que pensara: *Realmente eres importante.* De manera que confieso y renuncio al orgullo, a la arrogancia. Le doy la gloria a Dios por todo lo que sucedió.

El orgullo fue la puerta abierta que el enemigo aprovechó. Por un instante estuve allí y lo hospedé. Luego *¡Zas!,* entró el verdadero objetivo del enemigo: profunda aflicción, y el desprecio y el juicio que la acompañan.

Pero, esperen un minuto, si mi corazón es perverso, ¿entonces por qué me pone tan mal que sea así? Si yo realmente quiero lujuria, seducción, arrogancia y todo eso, ¿por qué me apena pensar que quiero eso?

No es lógico. Si efectivamente *quiero* caminar lejos de Dios, ¿por qué me genera *angustia* albergar el pensamiento de hacerlo? Ese no es mi verdadero corazón. Ese no es mi deseo real. Tengo que pelear contra esa aflicción, desprecio y juicio. Allí es donde la batalla es feroz. Si me rindo, voy a perder mi intimidad con Dios. Y me voy a desanimar, con todo lo que ello genera. No hay manera de combatir la aflicción mientras siga pensando que la merezco, mientras la siga confundiendo con convicción.

Estoy profundamente perdido en el laberinto del ataque y el único versículo que puedo recordar como para aferrarme a él es: «Así también vosotros, consideraos muertos al pecado, pero vivos para Dios en Cristo Jesús» (Romanos 6.11). Lo repito. Una y otra vez. Me da fuerzas para combatir la aflicción, el desprecio y el juicio.

Es el cuarto día. Parece que el enemigo se debilita.

Tengo que recordarlo: el tema nunca es el pecado que se presenta. El tema es la sumisión, aunque sea sutil, de nuestros corazones. La puerta abierta. Lo que viene después es el verdadero objetivo del enemigo: que nos separemos de Dios y de nuestro verdadero ser interior. Creo que la mayoría de los cristianos jamás captan la batalla. Piensan que anhelan lo perverso y guardan dentro de sus corazones la aflicción que eso genera como si fuese verdadera convicción. De esa manera asumen que, por supuesto, Dios va a estar distante y permanecen en esta situación durante años. «Mi corazón es perverso. Soy tan despreciable. Por supuesto que Dios va a estar distante». Consideran que esa es la vida cristiana.

Pero no es así.

Al menos no debe serlo. Recuerde a Cristiano en el valle de los fosos ardientes. Recuerde de dónde realmente proviene todo eso. No es su verdadero corazón, es su enemigo. Pelee la batalla. Resguarde su corazón. El ataque va a desaparecer, si se defiende con rapidez.

Cuaresma

Ya han pasado algunos años —catorce, ahora que lo pienso— desde que íbamos a una iglesia que celebraba la cuaresma. Era una iglesia episcopal en la ciudad y nos gustaba mucho. Fue allí donde aprendí algo sobre la ceremonia de la cuaresma, ese período de cuarenta días de preparación personal que nos guían a la celebración de la Pascua. Un tiempo durante el cual mucha gente decide abstenerse de algo, como el café o las noticias, de la misma manera en que Cristo ayunó cuarenta días en el desierto. Cuando esto se encara con la intención de darle más lugar a Dios en tu vida —a diferencia de simplemente disminuir la cafeína o la exposición a la televisión— puede ser verdaderamente significativo.

Como comenté, ya ha pasado bastante tiempo desde que mi radar captó el tema de la cuaresma, y me tomó un poco por sorpresa cuando en nuestra reunión de trabajo del día de ayer Morgan dijo: «¿Por qué no le preguntamos a Jesús qué quisiera que le entreguemos durante esta cuaresma y qué quisiera que recibamos?» Así que eso hicimos. Durante unos breves y silenciosos instantes le preguntamos: *Señor, ¿qué quisieras que te entregue en esta cuaresma?* En los días previos a la celebración de la cuaresma, el alcohol era el principal generador de esa situación conocida como «No lo quiero dejar, pero debería». Sin embargo, sabía que la bebida ya no era el tema, no lo era desde hacía bastante tiempo. Mientras intentaba callar mi clamor interno, permanecía sentado haciéndole a Cristo la misma pregunta, varias veces: *¿Qué quisieras que te entregue?* Y esto es lo que escuché:

Tu identidad.

¿Mi identidad?, pregunté para estar seguro de que había oído bien.

Tu identidad.

La identidad parece ser algo bíblico que tenemos que entregar, pero no me queda del todo claro qué quiere decir Dios con esa palabra. Intento completar la idea, darle sentido. ¿Identidad obsesiva? ¿Identidad egocéntrica? No se me aclaró nada más al respecto y al resto de las personas ya se le comenzaba a realizar la segunda pregunta: *¿Y qué quisieras que reciba?*

Mi amor.

Impresionante. Entregar mi identidad. Recibir su amor. No era lo que esperaba. Y parecía estar apuntando peligrosamente a algo muy profundo dentro de mí. Eso sí que sonaba a Dios. Lo dejé en mi mente con la intención de dedicarle más tiempo en otro momento y continué con mis cosas. Lo retomé esta mañana. A veces, cuando trato de poner mi atención en Dios y en lo que me dice, tomo mi diario. Escribo mis pensamientos y mis preguntas, y cuando logro escuchar la respuesta de Dios, su guía, también la registro.

¿Cómo es esto de la identidad que tengo que entregarte, Señor? Tu obsesión. Claro, es mi identidad obsesiva. Sé lo que eso significa, ese profundo conocimiento de mí mismo que busco. Entregarlo suena magnífico. Y casi imposible. Sigo escribiendo y escuchando. *Sí, Jesús. Te adoro. Sí. ¿Cómo te entrego mi obsesión? Prestándole atención a mi amor en ti.* Fabuloso. Eso sí que tiene sentido. Es tan coherente con todo lo que Dios ha estado diciéndome y haciendo para que me vuelva a su amor. *Quiero, quiero, quiero volver a tu amor en mí. Dime otra cosa, Señor: ¿Cómo lo hago? ¿Cómo es? ¿Qué busco ahora?*

Pausa. Cuando Dios comienza a traer luz sobre algún tema en mi vida, ya sea algo personal o algo que esté sucediendo a mi alrededor, suelo tener un pálpito en cuanto a hacia dónde van las cosas. Saben a qué me refiero, veo a los cristianos hacer esto todo el tiempo. Le damos un vistazo a lo que Dios puede estar haciendo, y comenzamos a especular y a completar la idea, mezclando todos nuestros prejuicios e inclinaciones, en vez de simplemente continuar escuchando qué más tiene que decir. Por ejemplo, siente que Dios le anima a ayudar a sus padres económicamente, y ya está inclinado a hacerlo, entonces lo hace sin detenerse a preguntar: *¿Ahora? ¿Cuánto dinero?* O siente la convicción de Dios respecto de un pecado que se ha instalado en su vida desde hace mucho tiempo. Como tiene la inclinación al autodesprecio y a castigarse, directamente dice: *Lo sabía. Es mi culpa. Soy un idiota*, y comienza a hacer todos sus planes y a tomar sus decisiones de cambio (aunque nunca funciona). Si hubiera permanecido en contacto con Dios sobre ese tema, podría haber sentido su amor, su ternura y su suave consejo para tratar el asunto de otra manera.

Completar la idea. Es eso. Constantemente estamos completando la idea sobre lo que *pensamos* que Dios está haciendo en vez de preguntarle. No sirve. Es como tomar la pelota y comenzar a correr, dejando a Dios atrás. Hágale más preguntas, ¿lo recordará?

Así que me tomo mi tiempo, silencio mis propios prejuicios sobre hacia dónde se dirigen las cosas, sin ignorarlos pero sin permitirles que escriban el resto del libreto. *Dime más, Señor: ¿Cómo lo hago? ¿Cómo es? ¿Qué busco ahora?* Lo que quiero decir con «buscar ahora» es, si no estoy buscando su amor en mí, ¿qué estoy buscando? Tengo una idea, pero quiero escuchar sus pensamientos al respecto.

Tu habilidad para estar por encima de las cosas.

Correcto. Derrotado. Me agarraron con las manos en la masa. Me encanta cuando Dios hace eso. Es una hermosa especie de desnudez, ya que Él menciona justo lo que estamos haciendo y tratando de esconder, o lo que estamos haciendo sin darnos cuenta porque lo venimos haciendo hace tanto tiempo que se volvió normal. Este tipo de convicción no avergüenza. Siempre supe que lo que Él nombra es exactamente lo que yo hago. Pongo toda mi confianza en mi habilidad para «hacer las cosas», «hacerlo bien», «estar por encima de las cosas». Sin dudas que me siento «apenas» caminando con Dios. *Perdóname*, escribo, *es tan desleal, tan incrédulo y tan autosuficiente.*

Ahora, para terminar de hermosear la historia, las últimas dos mañanas mientras he estado sentado para comer una taza de avena, he abierto mi Biblia para leer un poco, y en ambas oportunidades se abrió en el salmo 41. Esto es lo que leí: «Yo dije: Jehová, ten misericordia de mí; sana mi alma, porque contra ti he pecado» (41.4).

¿Puede captar cómo se acerca David a Dios? Él no espera ser criticado. No promete simplemente arrepentirse y hacer las cosas mejor. Él sabe bien que se ha alejado de Dios y que necesita ser sanado. Así que oré de la siguiente manera: *Te pido que sanes lo que hay dentro de mí y me lleva a la obsesión, esta costumbre de concentrarme en mi habilidad para hacer las cosas, hacerlas bien y querer estar por encima de todo. Perdóname. Quiero estar concentrado en tu amor por mí. Tú en mí. Sáname.*

Busque guía

Estoy tratando de resolver si deberíamos ir o no a Moab este año. Hasta el momento, no está para nada claro.

Durante los últimos siete años, un grupo de muchachos hemos hecho una especie de peregrinación a los desiertos de Moab, en Utah. Vamos a fines de abril o comienzos de mayo, para esa época ya no soportamos el frío de Colorado ni un fin de semana más. En cambio en Moab ya está cálido —generalmente en los veintisiete grados—, y pasamos cuatro o cinco días trepando rocas, practicando bicicleta montañera y haraganeando. Un típico viaje de muchachos. Acampando. Sin ducharse. Jugando frisbee. Nadando desnudos. Contando grandes historias alrededor de una hoguera. Es un viaje que se ha convertido en un símbolo de nuestra confraternidad como hombres. Seguramente, el evento más importante del año.

Pero el viaje de este año no parece venir bien. Varios de los jóvenes que siempre participan, este año no van a poder hacerlo. Hay un solo fin de semana disponible en el calendario y cae antes de lo que nos gustaría. Estamos todos realmente, realmente ocupados.

Parece que a Moab lo vamos a tener que dejar para otro momento. Por abandono.

Estoy orando por eso, tratando de recibir algo de instrucción. Mi primera pregunta es: *¿Luchamos por hacer este viaje, Señor, o simplemente lo dejamos pasar este año?* Sería tan fácil dejarlo. Tiene sentido. Como dije antes, nuestra vida está realmente ocupada ahora. Y cuando la vida está ocupada, ¿no es verdad que tenemos el reflejo de rechazar cosas como esta? Yo no me puedo tomar unos días libres ahora. Tengo demasiadas cosas que hacer. A pesar de que amamos el viaje a Moab. A pesar de que es tan valioso para nosotros. A pesar de que es precisamente lo que necesitamos para que nos rescate de nuestras ocupaciones. Recuerda, necesitamos divertirnos. Mucha y mucha diversión.

Pausa. ¿No es esta nuestra primera reacción, cuando la vida parece desbordarnos; comenzamos a aliviar la carga, tirando peso fuera de borda para no hundirnos? El problema es que podemos tirar por la borda las cosas equivocadas. Le restamos importancia a la diversión mientras nos aferramos a las cosas que precisamente nos desbordan.

Así que estoy buscando a Dios en cuanto a eso. Aunque por el momento no tengo mayor claridad al respecto.

Cuando buscamos a Dios para obtener claridad y esta no aparece, lo que tenemos que hacer primero es prestar atención a nuestra propia situación. ¿Qué estamos sintiendo? ¿Cuáles son nuestros deseos? Es un hecho que nuestra situación va a afectar nuestra capacidad de escuchar a Dios o va a influir en lo que escuchamos. Estoy desgarrado por el viaje de este año. Por un lado, realmente quiero ir. Me fascina Moab, así como el primer calor del verano, el primer verde real, la belleza del desierto, las aventuras, el tiempo que pasamos entre hombres. Nunca nos arrepentimos de haber ido, ni siquiera hace dos años, cuando llovió. Por otro lado, es algo forzado. Estoy ocupado. Tengo que terminar el libro. Pareciera que nadie más está luchando por ir. Sería mucho más fácil olvidarlo.

Cuántas cosas preciosas dejamos pasar, abandonamos, entregamos, porque parece que la vida está demasiado ocupada, que es algo forzado luchar para que ciertas cosas ocurran, o consideramos que sabemos qué es lo mejor o lo inevitable, y ni siquiera nos detenemos a preguntarle a Dios. Necesitamos detenernos y preguntar, *especialmente* cuando pareciera que dejar de disfrutar algo es inevitable. Dios podría no estar de acuerdo.

Como puede ver, el ritmo de la vida en este mundo le da un impulso a nuestras vidas. Como los autos en las autopistas. Y lo cierto es que, con bastante frecuencia, lo que Dios desea para nosotros va en contra de esa corriente predominante. *Desciende en la próxima salida.* Su guía a veces (¿seguido?) parece contraintuitiva. Sería más fácil dejar pasar lo de Moab este año. Pasar rápido por el costado. Todos estamos ocupados. Y no va a ser lo mismo si no están todos los muchachos que han venido haciendo el viaje en el pasado. Por otro lado, Sam y Jesse quizás sean nombrados en la Universidad durante el otoño, y es poco probable que estén disponibles para el viaje del año próximo. Este podría marcar el fin de una era. El último viaje de este tipo. Y ¿cómo nos vamos a sentir *realmente* al dejar pasar este viaje, cuando estemos a fines de abril y haya más de medio metro de nieve afuera y nos estemos poniendo neuróticos?

Aun ahora mismo, estoy tratando de mirar hacia el futuro para poder determinar qué es lo mejor. Estoy completando las ideas. Todos hacemos eso. Tratamos de descifrar las cosas. Eso no es lo mismo que caminar con Dios. Sencillamente no vemos todo lo que

Dios ve. Dios dice: «Porque mis pensamientos no son los de ustedes» (Isaías 55.8). Él sabe lo que está por delante. Él sabe lo que necesitamos. Así que pregúntele. Yo le estoy preguntando, aunque la respuesta no es lo suficientemente clara por ahora. No tengo ninguna señal. Entonces lo que hago es escribir las preguntas en un anotador, una a la vez:

«¿Luchamos por Moab este año? ¿O lo dejamos pasar?»

De esta manera me puedo sentar con la pregunta delante de Dios, orando, escuchando específicamente sobre un tema a la vez, sin que todo el resto de los pro y contra interfieran y nublen mis pensamientos. Una pregunta a la vez, sin considerar todos los hechos que entran y salen de mi mente. No estoy intentando descifrar. Estoy tratando de escuchar de parte de Dios. Hay una diferencia. «Mis pensamientos no son vuestros pensamientos», ¿recuerda?

A veces dejo mi anotador sobre el escritorio durante una semana y oro sobre él cada tanto, antes de estar seguro de que he escuchado la voz de Dios. Pero hoy, luego de unos momentos, lo escucho decir: *Lucha por esto.* (En realidad, es lo mismo que le escuché decir hace unos días mientras oraba por este tema camino al trabajo. Lo que sucede es que parecía tan contrario que no me dio confianza. O tal vez en ese momento parecía algo tan forzado que no *quise* escucharlo.) ¿Luchar por esto? ¿De verdad? *De verdad.* De acuerdo. Luchar por esto.

Preste atención a su reacción cuando comience a encerrarse en lo que piensa que Dios está diciendo. Si le produce gozo, está bien encaminado. Si le produce dolor (o temor, o desánimo), deténgase y pregunte por qué. No deje a su corazón afuera de este proceso. Percibo que mi reacción es buena, y deseo que el viaje comience a resucitar en mi corazón. (Lo había dado por perdido.) Me doy cuenta de que a pesar de que sería más fácil dejarlo pasar, mi verdadero deseo es lograr que el viaje se realice. No sé cómo hubiera recuperado mi verdadero deseo si no hubiese orado por eso. Mi deseo estaba enterrado bajo todo tipo de basura.

Tengo mi primera parte de la guía. Se supone que tenemos que luchar por este gozo. (Y ustedes tendrán que luchar por el gozo, amigos, no lo olviden.) Pero el rompecabezas todavía no está terminado. La conversación no termina aquí. *Cuándo* iremos es otro gran tema. Tengo que preguntar sobre eso también, o podría ir a la carga con esto y equivocarme tanto como si no hubiera preguntado en ningún momento si debíamos hacer el viaje o no. No se detenga con la primera pregunta. Haga la siguiente.

Fines de abril es riesgoso debido al clima. Ha estado muy frío algunas de las pocas veces que fuimos en abril, pero siempre estuvo cálido las veces que fuimos en mayo. Queremos que esté cálido. Mayo es mejor. Pero no veo de qué manera podemos llegar a hacerlo en mayo. (Acá voy otra vez, tratando de descifrar.) Así que escribo en el anotador:

«¿Abril?»

«¿Mayo?»

Escucho: *Del 21 al 24 de abril*, que es el fin de semana que tenemos disponible para esto. De acuerdo. Iremos a Moab, y lo haremos en abril. Algo dentro de mí se siente un poco «incómodo» respecto del lugar al que esto está llegando. Tomo conciencia de que voy a necesitar confiar en Dios para esto. Sonrío. ¿No es esa la idea, que confiemos en Dios lo suficiente como para seguirlo, que vivamos por fe? La vida cristiana no es la del sentido común. Oswald Chambers dijo que la única explicación para la vida de un cristiano tiene que ser la existencia de Dios. De otra manera no es lógico. Eso realmente me reconforta. Mi vida muchas veces parece no tener lógica.

Ahora bien, no estoy proponiendo un enfoque de vida que no tenga sentido. No estoy diciendo que debe seguir cada pensamiento que pasa por su mente. Existe la sabiduría y la revelación. Van juntas, de la mano: «Pido que el Dios de nuestro Señor Jesucristo, el Padre glorioso, les dé el Espíritu de sabiduría y de revelación, para que lo conozcan mejor» (Efesios 1.17). Del Espíritu provienen ambas cosas: la sabiduría y la revelación. Necesitamos de ambas para caminar con Dios, necesitamos de ellas en dosis abundantes para navegar por las peligrosas aguas de este mundo. Si es el tipo de persona que tiende a apoyarse en la revelación (sólo pidiendo a Dios su guía directa), entonces necesita equilibrar su enfoque con la sabiduría. Si se orienta hacia un enfoque de vida basado en la sabiduría, debe deliberada y conscientemente incluir la revelación. Pregúntele a Dios.

Y si la mayoría de las veces actúa sin apoyarse en ninguna, entonces está en un verdadero problema.

Sabiendo esto, es necesario admitir que cuando animamos a otros a que caminen con Dios, siempre hay riesgos. Hay personas que han hecho cosas realmente estúpidas señalando que lo hacían para seguir a Jesús. Es por ese motivo que algunos en la iglesia no quieren animar a otros a correr ese tipo de riesgo, a «caminar con Dios». Durante siglos han intentado eliminar el desorden de la relación personal con Jesús mediante el establecimiento de reglas, programas, fórmulas, métodos y procedimientos. Estas reglas pueden haber eliminado algunas de las cosas tontas que suceden cuando se anima a la gente a que siga a Dios de manera personal. Pero al mismo tiempo han eliminado la gran intimidad a la que Dios nos llama.

¿Cuál es la reacción de Jesús sobre este tema?

Cuando los hagan comparecer ante las sinagogas, los gobernantes y las autoridades, no se preocupen de cómo van a defenderse o de qué van a decir, porque en ese momento el Espíritu Santo les enseñará lo que deben responder. (Lucas 12.11–12)

En los profetas está escrito: A todos los instruirá Dios. En efecto, todo el que escucha al Padre y aprende de él, viene a mí. (Juan 6.45)

El que entra por la puerta es el pastor de las ovejas. El portero le abre la puerta, y las ovejas oyen su voz. Llama por nombre a las ovejas y las saca del redil. Cuando ya ha sacado a todas las que son suyas, va delante de ellas, y las ovejas lo siguen porque reconocen su voz. (Juan 10.2–4)

Pero el Consolador, el Espíritu Santo, a quien el Padre enviará en mi nombre, les enseñará todas las cosas y les hará recordar todo lo que les he dicho. (Juan 14.26)

Mira que estoy a la puerta y llamo. Si alguno oye mi voz y abre la puerta, entraré, y cenaré con él, y él conmigo. (Apocalipsis 3.20)

No entregue este tesoro de la intimidad con Dios simplemente porque puede ser confuso. Camine con Dios —con sabiduría *y* revelación— sin dejar de buscar la santidad que sabemos que Él espera.

Mi siguiente pregunta en el anotador es: «¿Quién?» Quién va es otro tema. Pienso que sería bueno volver a hablar con los muchachos que dijeron: «La verdad es que este año no va a poder ser», para pedirles que oren por esto, para asegurarme de que le han preguntado a Dios al respecto. Voy a luchar por el gozo.

(Visite www.walkingwithgod.net)

Nuevos comienzos

Anoche mientras cenábamos Stasi anuncia: «Creo que es hora de que compremos un cachorrito».

Es un momento incómodo y una jugada muy vulnerable de su parte. Los chicos están en silencio. Me tomó desprevenido. Mi primera reacción es: *Eso es lo último que necesito. Te permites amar algo y al final lo perderás. No quiero atravesar eso otra vez.* Gracias a Dios, no lo digo en voz alta. Ella me mira buscando alguna señal de aprobación. Yo asiento y ella nos cuenta lo que le ha estado diciendo su corazón y lo que ha estado buscando en la Internet. Y allí está lo más tremendo, nos muestra fotografías de cachorros. Estoy convencido de que Dios le dio cachorros al mundo para suavizar nuestros corazones. Mientras miramos algunas fotos de cachorros de montaña Terranovas y Bernese, mi corazón comienza a bajar la guardia. Si un cachorrito no puede suavizar el corazón, no sé qué podrá.

¿Jesús?, le pregunto en mi corazón. Es sólo una pregunta simple, me refiero a *¿Qué piensas acerca de esto? ¿Qué quieres decirme? ¿Qué piensas acerca del asunto?*

De a poco pero con certeza he estado eligiendo esto como mi primera respuesta a una cuestión. Si no le pregunto rápida e intencionalmente a Jesús qué es lo que piensa, me sorprende cómo mi corazón puede reaccionar ante una conversación o evento. En un milisegundo puedo llegar a conclusiones, hacer pactos, rechazar personas. Todos hacemos eso. Luego simplemente seguimos. Pero podemos estar muy equivocados. Podemos estar de mal humor. Ciertamente estamos predispuestos. ¿Y quién sabe qué más nos está influenciando cualquier día?

¿Jesús?

Me encuentro haciendo eso muchas veces estos días. Le permite a Él hablar en el momento mientras la vida pasa. Le da a Dios la oportunidad de ser parte del proceso en vez de que lo busque más tarde, luego de que el daño ya esté hecho.

¿Jesús?

Sería bueno.

La camada que Stasi encontró estará disponible en un par de meses. Estoy observando mi postura interior. ¿Aceptaré esto? ¿Estaré abierto a esto? ¿Permitiré que mi corazón esté abierto? Esto tiene que ver con algo más que con un cachorro. Tiene que ver con mi actitud de ceder ante Dios, y tiene que ver con la esperanza. No quiero vivir a la defensiva, endureciéndome constantemente en contra del futuro, cauteloso al confiar, cauteloso al creer. Quiero estar alerta a todo lo que Dios tenga para mí. Quiero vivir la vida que Él quiere que viva. Todo eso está pasando aquí, viendo las fotografías de los cachorros. Aquí es donde todo se vive. En el momento.

Creo que el cristianismo es el evangelio de la vida principalmente. Creo que hay gran progreso y sanidad. Creo que podemos prevenir al ladrón de que saquee nuestras vidas si hacemos como nos dice nuestro Pastor. Y cuando parece que no encontramos esa sanidad o ese progreso, cuando el ladrón se las rebusca para saquearnos, creo que el nuestro es un evangelio de resurrección. Sin importar la pérdida que pueda venir, ese no es el final de la historia. Jesús vino para que podamos tener vida.

Parece que vendrá un cachorrito en el futuro.

Regrese al amor

Esta mañana, mis pensamientos volvieron a «Mi amor».

Esta semana me compré un nuevo cuaderno de diario porque el anterior ya está completo, y esta mañana tuve más tiempo que de costumbre para pasarlo con Dios antes de comenzar el día. Así que me sirvo una taza de café, me siento en el sillón, y abro el diario. Siempre me siento extraño al escribir en la primera hoja de un diario, todas esas páginas limpias, blancas, sin que se haya puesto nada todavía. Se siente crucial. Como si fuera un nuevo comienzo. O al menos una nueva era. ¿Qué revelará? ¿Y qué debería escribir en la primera hoja? Siempre tengo esa sensación de que debe ser significativo. Después de todo, es la hoja que abre un nuevo libro en mi vida, el siguiente capítulo con Dios. Siento como que se merece algo importante. Algo trascendente.

Mirando la hoja en blanco, le pregunto a Dios con quietud en mi corazón, *¿Qué debe estar escrito aquí?*

Usted sabe qué me dijo.

Mi amor.

Entonces eso es lo que escribo. Eso es todo lo que escribo en esa primera hoja. Dos palabras. «Mi amor». Es más que suficiente. Más allá de lo que se escriba en este diario, de lo que se cuente, de lo que se ore, de todos los procesos de la vida, que todo vaya debajo de esto.

Que sea una continuación de esto. Su amor. Me siento y lo miro, permito que penetre. Estoy trayendo mi corazón a Su amor. Permitiendo que sea real. Permitiendo que sea vida para mí.

¿Qué más, Señor?

Cree en mi amor.

Sí. Creo en tu amor.

Y algo en mí está cambiando. Estoy comenzando a creerlo más que nunca. Me está cambiando. Me siento menos manejado. Menos compulsivo. Menos codicioso. Y menos vacío. Siento como que quiero quedarme aquí. Vivir en su amor.

En conclusión

Como expliqué en la introducción, lo que intenté a través de estas páginas fue registrar fielmente cómo se ve un año de experiencia caminando con Dios. Cómo se siente. Cómo suena. Al leer nuevamente mis palabras, parecen certeras con respecto a lo que ocurrió. Y aun así, muy incompletas. Hay *cientos* de historias más que podría haber contado, si hubiera tenido espacio para contarlas. Ocurren muchas cosas en un año de nuestras vidas, ¿No es así? No quiero dejarles una mala impresión, estos relatos son una muestra que ofrezco con la esperanza de emitir luz a su propia historia, ayudándolo a aprender a escuchar la voz de Dios y a caminar con Él sin importar lo que aparezca en su camino. Espero que al menos haya sido encantador, este tipo de relación con Dios está a su orden. Para todos también. Mi mayor esperanza es que estos relatos hayan sido instructivos, y que esté encontrando este camino usted también.

Pero hay mucho más que quiero decir.

Algunas de esas cosas se encuentran en mis otros libros detallados al final de este libro. También puede visitar www.walkingwithgod.net, donde encontrará docenas de recursos (en inglés) que lo ayudarán en su caminar con Dios. Permítame también que le sugiera leer este libro nuevamente, sé que siempre me sorprende cuánto más puedo obtener de un libro la segunda vez que lo leo. Qué maravillosa idea sería que dedicara su tiempo y se sumergiera aun más profundamente en estos temas, y quizás también pudiera hacerlo con sus amigos. Porque como también dije en la introducción, aprender a caminar con Dios es nuestra necesidad más profunda. Todo lo que resta en la vida depende de eso. No permita que nada lo aleje de este gran tesoro.

Han transcurrido varios meses desde que terminé este manuscrito. Se han desplegado muchas más historias. Fuimos a Moab y fue maravilloso. Justo lo que necesitábamos, como Dios nos dijo. He podido dormir bien y no tan bien. Ha habido mucha más sanidad con respecto a mi pasado. Vi un halcón la semana pasada y un águila dorada. Volví a montar mi caballo. Perdí a un amigo en un accidente automovilístico. Dios me ha estado guiando al leer la Escritura, ha sido muy enriquecedor. También he tenido que romper varios pactos que hice con el enemigo. En otras palabras, la vida se siguió extendiendo de la misma forma que a todos los demás, con esta importante diferencia, caminando con Dios. No sé cómo hice para vivir sin eso (y fueron muchos años los que viví sin eso). Esta intimidad en la conversación se ha convertido en una parte esencial en mi día a día. Ni siquiera puedo decir cuán agradecido estoy por eso.

¡Ah! Y tenemos un nuevo cachorrito en casa. Se llama Oban. Es un Golden. Y no me da la pelota.

(Visite www.walkingwithgod.net)

Agradecimientos

Mi más profundo agradecimiento a aquellas personas cuyas historias se han entretejido con las mías en estas páginas, a mi familia, mis amigos, mis aliados en Ransomed Heart, a Thomas Nelson y a Yates and Yates.

Apéndice: La oración diaria

Con el pasar de los años he crecido en mi comprensión de la oración y la guerra espiritual así como de nuestra necesidad de ser restaurados en la vida de Dios cada día. Por eso he desarrollado esta oración: «La oración diaria». La llamo así porque así oro todos los días. Antes que ninguna otra cosa. Incluso antes del desayuno. La oración ha ido transformándose en distintas versiones a medida que iba aprendiendo algo nuevo acerca de la obra de Cristo por nosotros o de las tácticas del enemigo. Así que le ofrezco esta, la última versión. Dios quiera que sea una herramienta para su vida. Todos los días.

MI QUERIDO SEÑOR JESUCRISTO, vengo a ti para ser restaurado en ti, para ser renovado en ti, para recibir tu amor y tu vida y toda la gracia y misericordia que necesito desesperadamente en este día. Te honro como mi Soberano y te entrego todo aspecto de mi vida total y completamente. Te doy mi espíritu, alma y cuerpo, mi corazón, mente y voluntad. Me cubro con tu sangre, mi espíritu, alma y cuerpo, mi corazón, mente y voluntad. Le pido a tu Espíritu Santo que me restaure en ti, me renueve en ti y que me guíe en este tiempo de oración. En todo lo que ore ahora, me pongo en completo acuerdo con tu Espíritu y con mis intercesores y aliados, sólo por tu Espíritu.

(Ahora pues, si usted es esposo, querrá incluir a su esposa en este tiempo de oración. Si es padre, querrá incluir a sus hijos. Si esto no le es útil, saltee el párrafo que continúa.)

En todo lo que ore ahora, incluyo a (esposa e hijos, por nombre). Como su cabeza que soy, los traigo bajo tu autoridad y cobertura, y vengo ante tu autoridad y cobertura. Cubro a (esposa e hijos, por nombre) con tu sangre, sus espíritus, almas, y cuerpos, sus corazones, mentes y su voluntad. Le pido a tu Espíritu que los restaure en ti, los renueve en ti, y aplique a ellos todo lo que yo ore en su nombre, como su cabeza que soy.

Querido Dios, y victoriosa Trinidad, sólo tú eres digno de toda mi adoración, toda la devoción de mi corazón, toda mi alabanza, mi confianza y la gloria de mi vida. Te amo, te adoro, confío en ti. Me brindo a ti en mi búsqueda de la vida. Sólo tú eres vida, y te has convertido en mi vida. Renuncio a cualquier otro dios o ídolo, y te doy el lugar que realmente mereces en mi corazón y en mi vida. Confieso aquí y ahora que todo esto es gracias a ti, Dios, y no por mí. Tú eres el héroe de la historia, y te pertenezco a ti. Perdóname por todos mis pecados. Búscame, conóceme y revélame dónde estás trabajando en mi vida. Garantízame la gracia de tu sanidad y liberación y un arrepentimiento profundo y verdadero.

Padre celestial, gracias por amarme y elegirme antes de crear el mundo. Tú eres mi Padre verdadero, mi Creador, mi Redentor, mi Sostén y el verdadero fin de todas las cosas, incluyendo mi vida. Te amo, confío en ti y te adoro. Me brindo a ti para ser uno en ti en todas las cosas, así como Jesús es uno en ti. Gracias por mostrarnos tu amor al enviar a Jesús. Lo recibo a Él, a toda su vida y a toda su obra, la cual dispusiste para mí. Gracias por incluirme en Cristo, por perdonar mis pecados, por garantizar mi rectitud, por hacerme completo en Él. Gracias por darme vida en Cristo, por levantarme en Él, por sentarme con Él a tu diestra, estableciéndome en Su autoridad, y ungiéndome con tu Espíritu Santo, tu amor y tu favor. Recibo todo agradecido y lo reclamo para mi vida, mi espíritu, mi alma y mi cuerpo, mi corazón, mi mente y mi voluntad. Traigo la vida y la obra de Jesús sobre mi vida hoy (esposa o hijos, por nombre) y sobre mi hogar, mi casa, mis vehículos, mis finanzas, todo mi reino y mi dominio.

Jesús, gracias por venir a rescatarme con tu propia vida. Te amo, te adoro, confío en ti. Me entrego a ti, para ser uno en ti en todas las cosas. Y recibo toda la obra y todo el triunfo de la cruz, la muerte, la sangre y el sacrificio por mí, por los cuales me compensas, me rescatas y me transfieres a tu reino, quitas mi pecado natural, circuncidas mi corazón ante Dios y desarmas todo reclamo hecho en contra de mí en este día. Ahora tomo tu lugar en la cruz y la muerte, por la cual he muerto contigo al pecado, a mi carne, al mundo y al maligno. Tomo la cruz y crucifico mi carne con todo su orgullo, arrogancia, incredulidad e idolatría (y cualquier otra cosa que sea una lucha constante). Dejo atrás al viejo hombre. Te pido que apliques en mí la plenitud de tu cruz, muerte, sangre y sacrificio. Lo recibo agradecido y lo reclamo para mi espíritu, alma y cuerpo, mi corazón, mente y voluntad.

Jesús, también te recibo sinceramente como mi vida, mi santidad y mi fuerza, y recibo toda la obra y triunfo de tu resurrección, a través de la cual has vencido al pecado, la muerte y el juicio. La muerte no tiene ningún dominio sobre ti, ni tampoco ninguna cosa malvada. Y he sido llevado a una nueva vida contigo, a vivir tu vida, a morir al pecado y a vivir para Dios. Ahora tomo mi lugar en tu resurrección, y en tu vida, por la cual soy salvo. Reino en la vida, a través de tu vida. Recibo tu vida, tu humildad, amor y perdón; tu integridad en todas las cosas; tu sabiduría y discernimiento, tu fuerza; tu alegría; y tu unión con el Padre. Aplico para mí la plenitud de tu resurrección. La recibo agradecido y la reclamo para mi espíritu, alma y cuerpo, para mi corazón, mente y voluntad.

Jesús, también te recibo sinceramente como mi autoridad, gobierno y dominio ahora y para siempre. Y me ha sido dada la plenitud en ti, en tu autoridad. Ahora tomo mi lugar en tu ascensión y en tu trono, a través del cual fui llevado contigo a la diestra del Padre y establecido en autoridad. Ahora traigo el reino de Dios y la autoridad, gobierno y dominio de Jesucristo sobre mi vida hoy, sobre mi casa, mi hogar, mis vehículos y mis finanzas, sobre todo mi reino y dominio.

Ahora traigo la autoridad, gobierno y dominio del Señor Jesucristo y la plenitud de la obra de Cristo en contra de Satanás, en contra de su reino, y en contra de todo espíritu impuro y malvado que venga en contra de mí. (En esta instancia, quizás quiera nombrar a los espíritus que sabe que lo han estado atacando.) Traigo la completa obra de Jesucristo en contra de todo poder malvado y toda magia negra. Traigo la obra de Cristo entre mi vida, las personas y su guerra. Ato todo esto con la autoridad del Señor Jesucristo y en Su nombre.

Espíritu Santo, gracias por venir. Te amo, te adoro y confío en ti. Te recibo sinceramente y a toda tu obra y tu victoria en Pentecostés, a través de la cual has venido. Me has vestido con poder de lo alto y me has sellado en Cristo. Te has convertido en mi unión con el Padre y el Hijo; el Espíritu de verdad en mí; la vida de Dios en mí; y mi Consejero, Consolador, Fortaleza y Guía. Te honro como mi Soberano, y cedo toda dimensión de mi espíritu, alma y cuerpo, y mi corazón, mente y voluntad, a ti y sólo a ti, para ser lleno en ti, para caminar contigo en todas las cosas. Lléname de nuevo. Restaura mi unión con el Padre y con el Hijo. Guíame en toda la verdad, desígname para toda mi vida, camino y llamado, y guíame hoy más cerca de Jesús. Te recibo agradecido y te reclamo completamente para mi vida.

Padre celestial, gracias por garantizarme toda bendición espiritual en el cielo en Jesucristo. Hoy reclamo las riquezas en Jesucristo sobre mi vida, mi hogar, mi reino y mi dominio. Traigo la sangre de Cristo sobre mi espíritu, alma y cuerpo, sobre mi corazón, mente y voluntad. Me visto con toda la armadura de Dios, el cinturón de la verdad, la coraza de rectitud, los zapatos del evangelio, el casco de la salvación. Tomo el escudo de la fe y la espada del Espíritu, y decido ejercer estas armas en todo momento con el poder de Dios. Decido orar en todo momento en el Espíritu.

Gracias por tus ángeles. Los convoco con la autoridad de Jesucristo y les ordeno que destruyan el reino de la oscuridad desde el principio al fin de mi reino y mi dominio, que destruyan todo lo que se ha levantado en mi contra, y que establezcan tu reino a través de mi reino y mi dominio. Te pido que envíes tu Espíritu para que levante la oración y la intercesión por mí en este día. Ahora le doy lugar al reino del Señor Jesucristo en mi casa, mi familia, mi reino y mi dominio con la autoridad del Señor Jesucristo, con toda la gloria y todo el honor y gratitud a Él.

Otros libros por John Eldredge

Cautivante (con Stasi Eldredge)

El despertar de los muertos

Majestuoso

El sagrado romance (con Brent Curtis)

Salvaje de corazón

La travesía del corazón salvaje

Acerca del autor

John Eldredge es fundador y director de los Ministerios Ransomed Heart, un grupo dedicado a ayudar a personas que quieren recuperar y vivir lo que hay muy dentro de sus corazones. John es autor de varios libros incluyendo *Majestuoso, El despertar de los muertos, Salvaje de corazón* y coautor de *Cautivante* y *El sagrado romance*. John vive en Colorado Springs con su esposa Stasi y sus tres hijos. Le encanta vivir en Colorado porque allí puede dedicarse a sus otras pasiones: la pesca con mosca, alpinismo y el explorar las aguas del oeste en su canoa.